Moderner Hunde-Ernährung auf der Spur
Ein Praxis-Handbuch zur Fütterung

Autoren:
Dr. Traute Gastmann, Dr. Stephan Dreyer

Herausgeber:
Josera (Marke der Erbacher GmbH und Co Betriebs KG, Kleinheubach)

Druck und Verarbeitung:
Books on Demand GmbH, Norderstedt

erschienen im

VERLAG DR. SCRIPTOR OHG
Böhl-Iggelheim
2004

ISBN 3-9809578-0-2

Hinweis:
Autoren, Herausgeber und Verlag haben die Inhalte dieses Werkes mit aller gebotenen Sorgfalt geprüft, sämtliche Angaben erfolgen nach bestem Wissen und Gewissen. Dennoch ist eine Garantieübernahme nicht möglich. Eine Haftung der Autoren, des Herausgebers und des Verlages und seiner Beauftragten für Personen-, Sach- und Vermögensschäden ist ausgeschlossen. Bitte geben Sie ein sichtlich erkranktes Tier in sach- und fachkundige Behandlung.

Moderner Hunde-Ernährung auf der Spur

Ein Praxis-Handbuch zur Fütterung
Dr. Traute Gastmann, Dr. Stephan Dreyer

INHALTSVERZEICHNIS:

Vorwort des Herausgebers .... Seite 5

1. Aufbau und Funktionen: Grundlagen der Hundeernährung (Anatomie und Physiologie) .... Seite 6

Form und Funktion .... Seite 6

Die Verdauungsorgane im Überblick .... Seite 7

2. Ernährungsweisen und Futtertypen: vom Wolf zum Hund .... Seite 10

Zusammenhänge von Domestikation und Ernährung .... Seite 10

Ernährungstypen .... Seite 13

3. Tierernährungslehre für Hundefreunde: Kein „Buch mit sieben Siegeln" .... Seite 15

Etwas Futtermittelrecht vorab .... Seite 15

Ein wichtiger Stoff: Wasser .... Seite 18

Energie .... Seite 19

Nähr- und Wirkstoffgruppen und ihre Funktion .... Seite 22

Rohfaser .... Seite 27

Was sind eigentlich Wirkstoffe und Zusatzstoffe? .... Seite 27

Allgemeine Futtermittelkunde .... Seite 36

4. Spezielle Futtermittelkunde von und mit Josera .... Seite 37

Nachteile der Nassfütterung .... Seite 37

Nachteile der Selbstzubereitung .... Seite 38

Trockenfutter aus industrieller Fertigung .... Seite 41

Rohstoffe und Zutaten .... Seite 42

Von der Zusammensetzungsliste zur Rezeptur .... Seite 43

Technische Einblicke zur Koch-Extrusion:
dem Futterproduzenten über die Schulter geschaut .... Seite 45

Verpackung .... Seite 48

Vorratshaltung und Lagerung .... Seite 48

5. Fütterungspraxis: von der Theorie zur Umsetzung .... Seite 51

Wie oft – wie lang: Ganz entscheidend ist die Menge .... Seite 51

Der ausgewachsene Hund .... Seite 51

Ernährungsbesonderheiten und spezielle Anforderungen .... Seite 52

Welpen und Junghunde – unterschiedliche Ansprüche .... Seite 52

Ausgewachsen, aber… (Senioren und Übergewicht) .... Seite 53

Leistung .... Seite 53

Die richtige Art der Verabreichung:
Etwas „Fütterungstechnik" .... Seite 54

Auch Futter kann krank machen .... Seite 55

Ernährung und Umwelt (Kot-Problematik) .... Seite 60

6. Nachwort .... Seite 62

7. Register .... Seite 64

Vorwort des Herausgebers

Liebe Leserinnen und Leser,

drei Säulen tragen das traditionsreiche Familienunternehmen Erbacher im fränkischen Kleinheubach:
jüngstes Kind ist der Bereich „Erbacher – Ihr Dinkelspezialist", der in einem eigenen modernen Werk gesunde Cerealien für Menschen herstellt. Der älteste Betriebszweig ist Josera Agrar mit bestens eingeführten Ergänzungsfuttermitteln, Milchaustauschern und weiteren innovativen Produktgruppen für landwirtschaftliche Nutztiere. Thematisch und altersgemäß dazwischen liegt die Säule, die für die Versorgung von Hobby- und Heimtieren zuständig ist: unsere separate Abteilung Josera Heimtierfutter für die Ernährung von Pferden, Katzen und vor allem für bellende Vierbeiner. Bereits im Jahr 1988 ist Josera also quasi „auf den Hund gekommen". Allerdings nur im positiven Sinne, denn auch in diesem interessanten Bereich bleiben wir unserer ganzheitlichen Philosophie treu: Zertifizierte und mehrfach – in eigenen und unabhängigen externen Labors – abgesicherte Qualität „made in Germany", produziert nach dem Prinzip der Nachhaltigkeit und Umweltgerechtigkeit, so weit als möglich mit regionalen und deutschen Zutaten, allenfalls noch mit einigen europäischen Rohstoffen. Mit der Produktgruppe Josera Emotion haben unsere Hundekost-Experten im Jahr 2003 eine Premium-Linie eingeführt. Ihre Erzeugnisse folgen der Maxime „strengste Inhaltsvorgaben nach aktuellen wissenschaftlichen Erkenntnissen, aber zu fairen, deutschen Preisen". Über Details dazu und was Sie damit bei Ihrem Hund bewirken, berichtet das vorliegende Büchlein. Fernab der plumpen Werbung erzählt unser Autorenteam aus der Praxis für die Praxis viel Wissens-, Behaltens- und Umsetzenswertes rund um das facettenreiche Thema „Fütterung Ihres Hundes". Folgen Sie Josera Emotion auf den Spuren moderner Hunde-Ernährung!

Viel (Lese-)Spaß und (Lern-)Erfolg wünscht Ihnen

Otto Appel
(Geschäftsführer)

1. Aufbau und Funktionen: Grundlagen der Hundeernährung (Anatomie und Physiologie)

Form und Funktion
Zunächst gilt es, verschiedene „Instrumente" für den Nahrungserwerb zu betrachten und biologische Voraussetzungen für die Tierernährung zu klären:
Die Natur hat allen Lebewesen zu Mechanismen verholfen, die die Aufnahme fester oder flüssiger Nahrung in irgendeiner Form ermöglichen. Bei den Wirbeltieren ist das Maul dafür zuständig, bei Vögeln der Schnabel. Mäuler und Schnäbel sind mitsamt ihrer jeweils speziellen Ausstattung die Instrumente der Nahrungsaufnahme: hier beginnt der Verdauungstrakt. Die Futterauswahl verschiedener Tierarten wird bestimmt von folgenden Kriterien:

■ **Geruch, Größe, Form, Farbe (dem Hund ist sie mangels Fähigkeit zum Farbensehen egal)**

■ **Oberflächengestaltung; Struktur; Konsistenz; Verhalten**

Das Maul des Hundes hat die Aufgabe, geeignetes Futter auf zunehmen, festzuhalten und zu zerkleinern und abzuschlucken . Sehr oft gibt ein Blick auf oder in die Mundhöhle auch Fütterungshinweise auf die arttypische Nahrung des Tieres: Schnabelformen bei Vögeln, die Maulstellung von Fischen oder das Gebiss, also die Zähne der Säugetiere. Das Hundemaul deutet auf den Beutegreifer hin, den ursprünglichen Wolf. Die Fangzähne (auch Eckzähne genannt) halten Beutetiere fest. Im Zeitalter der modernen Hundefütterung sind sie funktionslos geworden. Weiter hinten im Maul bilden speziell geformte Backenzähne die scherenartigen Reißzähne. Sie zerreißen die Beute bzw. reißen maulgerechte Stücke aus größeren Nahrungsteilen.

In der Natur gilt: Form und Funktion sind einander angepasst. Nur Tiere wie z.B. Hunde, deren Verdauung zur Verwertung großer Brocken in der Lage ist , können Futter „am Stück" verschlingen: Hunde sind „grob vorzerkleinernde Schlinger".

Wesentlich für die Praxis ist, dass jedes Futter in der jeweils optimalen Darreichungsform bereitgestellt wird. Die „inneren" Werte des Futters müssen zum Ernährungstyp, die „äußeren" zum Maul der Pfleglinge passen. Eine gute Futterverwertung ist so vorprogrammiert.

Die Verdauungsorgane im Überblick

Der Verdauungsapparat umfasst viel mehr, als der ein-
schränkende Begriff „Magen-Darm-Kanal" beschreibt. Die
Verdauung beginnt bereits mit dem Fressen. Die Nahrung
wird zerkleinert, eingespeichelt und abgeschluckt. Danach
gelangt die Nahrung durch die Speiseröhre in den Magen.
Neben der Ansäuerung mittels spezieller Drüsen, welche
Salzsäure in die Magenhöhle ausschütten und dadurch
zunächst ein extrem saures Milieu herstellen, finden sich
weitere Drüsengewebe, die einerseits Magenhormone
(Gastrin) und andererseits erste Verdauungsenzyme (Fermente) für den ersten „Angriff" auf Proteine produzieren.
Damit der Magen sich nicht „selbstverdaut", ist er mit ei-
ner robusten Magenschleimhaut komplett ausgekleidet.
Die im Magen ausgeschütteten Enzyme beginnen die Ei-
weiß- = Protein-Verdauung. Hunde weisen eine kräftige
Bemuskelung des Magens auf, die den eingeweichten
Nahrungsbrei durchwalken,vermischen und schließlich
über den Ringmuskel (Pförtner) dem sich anschließenden
Darm übergeben.

Vom Maul zum Magen

Der erste Darmabschnitt heißt Dünndarm und leistet die
eigentliche Verdauungsarbeit. Kurz hinter dem Magen
münden hier die Ausfuhrgänge der Leber und der Bauchspeicheldrüse ein. Aus der Leber, welche entgiftende Funktion
und Speicheraufgaben hat, kommt als wichtiger Verdau-
ungssaft die Gallenflüssigkeit in den Darm. Gallenflüssigkeit dient der Abpufferung des sehr sauren Mageninhal-
tes in den neutralen bis leicht alkalischen Bereich. Aus der
Bauchspeicheldrüse gelangen gleich zwei wichtige Enzym-
gruppen in den Dünndarm: fettspaltende und kohlenhy-
dratknackende Fermente. Die Bauspeicheldrüse ist gleichzeitig eine Hormondrüse, sie bildet das Insulin, welches

Dünndarm & Co.

den Blutzuckerspiegel reguliert. Die Nahrung wird auf ihrem Weitertransport durch den Darm in immer kleiner werdende Bestandteile aufgespaltet (siehe Kapitel „Nähr- und Wirkstoffgruppen"). Ziel ist die Zerlegung der Nahrung bis zu einer Form, in der sie vom Darm ins Blut gelangen kann. Das Blut transportiert die Nährstoffteilchen in die Organe. Dort werden sie wieder zu neuen Geweben (Muskulatur, Knochen, Haut, Fell etc.) oder Zelltypen (Blut, Lymphflüssigkeit, Hormone usw.) zusammengesetzt. Im Anschluss an den Dünndarm folgt der hintere Teil des Verdauungstraktes, der Dickdarm. Er beherbergt die sogenannte Darmflora. Sie besteht aus spezialisierten Bakterienarten, die die bis dahin nicht verdauten Nährstoffe verstoffwechseln. Kommen zu viele Nährstoffe unverdaut in den Dickdarm, kommt es zu Blähungen und dünnerem Kot. Im schlimmsten Fall gibt es Durchfall. Die Hauptaufgabe des Dickdarms liegt in der Wasserrückgewinnung und damit in der Eindickung des bis dahin sehr dünnflüssigen Nahrungsbreis. Daraus ergibt sich die Funktion der Kotbildung und Kotformung. Störungen der Verdauung mit verschiedensten Ursachen bedingen eine Fehlfunktion des Dickdarm-Wasserhaushaltes: Wird zuviel Wasser entzogen, entstehen harte, feste Exkremente (=Verstopfung). Funktioniert die Wasserrückresorption nicht ausreichend, ist sogenannter Durchfall die Folge.

Der Enddarm als letztes Dickdarmstück speichert den gebildeten Kot bis zur Abgabe über den Anus-Ringmuskel (After) nach außen.

Die Gesamtlänge des Verdauungstraktes in Relation zur Körperlänge gibt einen Hinweis auf den Ernährungstyp des entsprechenden Lebewesens. So ist der Magen-Darm-Kanal von Katzen ausgebreitet etwa vier mal so lang wie die Katze selbst, beim Hund ist er sechs mal so lang und beim Alles- bzw. Gemischtfresser Schwein 14 mal so lang. Der reine Pflanzenfresser hat in dem Verhältnis den längsten Verdauungskanal: er ist 27 mal so lang wie das Tier. Daraus ergibt sich ein anatomischer Beleg für die Einordnung der Katze als strikter Tierfresser/Faunivore, früher Carnivore genannt, während die Verdauung des Hundes ein wenig in Richtung „Allesfresser"/Gemischtfresser tendiert.

Frau Dr. Gastmann:

■ Die Verdaulichkeit des Futters bestimmt den Ort des Abbaus der Nährstoffe: Dünn- oder Dickdarm. Ein gutes Trockenfutter zeichnet sich einerseits durch hochverwertbare Proteinquellen (wenig Bindegewebsanteile) und andererseits durch einen optimalen Stärkeaufschluss aus. Durch die Koch-Extrusion wird die Stärke in den verwendeten Getreidezutaten (Reis, Mais, Gerste) aufgequollen und verkleistert. Erst dadurch wird die Stärke für den Hund im Dünndarm verdaulich.

Dieser Prozeß ist vergleichbar mit Kochen von Kartoffeln oder Backen von Brot und wird später noch näher betrachtet.

■ Hunde benötigen von hochverdaulichem Futter eine kleinere Menge zur Bedarfsdeckung als von minderwertigem Futter. Ersteres sichert einerseits eine vollwertige Versorgung des Hundes mit essentiellen Nährstoffen, andererseits schont es den Geldbeutel.

■ Ein hochwertiges Hundetrockenfutter führt zu geringen Kotmengen mit normal-fester Konsistenz. Dieses entlastet die Umwelt und die Nerven Ihrer Mitmenschen.

Insgesamt gilt:
Industrielle Ernährungskonzepte müssen sich an den Vorgaben der Natur orientieren. Eine gewisse Anpassungsfähigkeit des Verdauungstraktes hat der Stammvater Wolf dem Hund mitgegeben. Dennoch ist das natürliche Nahrungsspektrum relativ eng, biologisch könnte man fast von recht „einseitig erscheinender Ernährung" sprechen. Bei aller Liebe und emotional betonter Einstellung zu Hunden sollte bezüglich Fütterung eine allzu vermenschlichte Betrachtungsweise unterbleiben. Wir bei Josera berücksichtigen Bau und Funktion des Magen-Darm-Traktes, wir orientieren uns am Hund mit der Folge: keine überzogene Vielfalt und keine aufgezwungene Abwechslung!

2. Ernährungsweisen und Futtertypen: vom Wolf zum Hund

Zusammenhänge von Domestikation und Ernährung
Tiere zu domestizieren beschreibt den Prozess, der sich durch menschliche Eingriffe ergab und der durch Weiterführung von Zuchtbemühungen noch anhält. Es bedeutet „Haustiermachung, Haustierwerdung" und wird in der Summe seiner bisher erfolgten Erscheinungen und Auswirkungen wissenschaftlich zusammenfassend „Domestikation" genannt. Die Domestikation verschiedenster Tiere zu Haustieren oder Heimtieren, landwirtschaftlichen Nutztieren mit verschiedenen Nutz-Zielen oder Nutzungsrichtungen (Fleisch, Fell, Haare, Eier, Milch, Arbeits-, Gebrauchs- oder Last- und Zugtiere) oder eben Heimtieren (nur zur „Freude", scheinbar nutzlos, jedoch mit vielfältigen psychosozialen und anderen Nutzen) wird von Experten als „das größte biologische Experiment der Menschheit" bezeichnet. Wie gesagt dauert dieses großartige und verantwortungsvolle Experiment weiterhin an, sowohl mit positiven als auch mit negativen Folgen für die betroffenen Arten. Werden daraus erbfeste und eindeutig zu beschreibende Untergruppierungen im Laufe des Domestikations-Prozesses, spricht man von Rassen. Auch die Rassenbildung ist kein abschließender Vorgang, sondern „lebt" wie alle biologischen Systeme.

Die Domestikationsgeschichte des Hundes
Beim Hund sollen sich Wolf und Mensch bereits vor 135 000 Jahren erstmals „angefreundet" haben, feste Belege für einen sicheren Domestikationsbeginn finden sich jedoch nur für den Zeitraum vor etwa 15 000 Jahren. Der genaue Ort lässt sich nicht einmal auf ein Land festlegen, der ostasiatische Großraum mit Ursprungshinweisen in Richtung China wird jedoch stark vermutet. Tatsache ist, dass beim Überqueren der damals trockenen Beringstraße durch steinzeitliche Jäger vor 10 000 bis 15 000 Jahren hundeähnliche Tiere und „nicht-mehr-Wölfe" bereits dabei waren.

Als Begründungen in den Einstieg der Domestikation werden auf der Wolf/Hund-Seite viele Möglichkeiten genannt. Vermutlich haben alle Gründe mehr oder weniger stark und teils auch zeitlich versetzt in Summe gewirkt. Es soll nicht verschwiegen werden, dass Wölfe/Hunde auch gegessen worden sind, sie waren Fleischlieferanten wie viele andere jagdbaren Wildtiere auch. Auch die „Müllschlucker-Theorie" mit Wölfen/Hunden als Abfallbeseitiger zunächst an und dann in den Höhlen der Steinzeitmenschen wird immer wieder diskutiert. Vom Machismo geprägt sind die Domestikationstheorien des Jagd- und Begleittieres Wolf/Hund für harte Steinzeitmänner, doch ist diese Funktion vermutlich erst später hinzugekommen und als erste Nutzungsrichtung herausgezüchtet worden. Viel naheliegender und von etlichen Wolfs- und Domestikationsforschern vehement vertreten wird die Ansicht, dass es ganz ursprünglich jedoch Frauen waren, die sich der Wölfe annahmen. Ob als Ersatz für verstorbene oder nie bekommene Kinder oder als Spielgefährten für den menschlichen Nachwuchs neigt man heute dazu, diese „Mutterliebe" zum Mitgeschöpf Wolf/Hund als zutiefst emotionalen Domestikationsgrund zu akzeptieren. Erst daran schloss sich wohl die Nutzhundentstehung als Jagdhelfer, Wachhund, Trag- und Zugtier sowie später als moderner Arbeits- und Gebrauchshund an. Diese Nutzungsrichtungen existieren ja noch heute, die weitaus größte Zahl von Hunden wird jedoch ganz wie bei den Steinzeitfrauen aus emotionalen Gründen, nämlich als Single- oder Familienbegleiter, ja Familienmitglied gehalten. Damit hätte sich ein Kreis von verschiedensten Domestikationsgründen wieder geschlossen.

Der Hund - entwickelt aus dem Rudeltier Wolf - schließt sich folgerichtig eng dem Menschen-Familienrudel an und muss dort als Mitglied mit klarer unterster Position über Erziehungsmaßnahmen integriert werden.

Die korrekte wissenschaftliche Bezeichnung der domestizierten Art „Hund" stellt sich wie folgt dar:

Der Artbegriff ergibt sich aus der gemeinsamen Nennung von Gattungsname (großgeschrieben) und einem als zweites Wort (kleingeschrieben) angefügtem korrekten Zusatz. Ein folgendes „forma" (f.) mit einer weiteren Bezeichnung dient dann der Abgrenzung zwischen wilder Population, hier z.B. Wolf=Canis lupus und haustiergewordener, domestizierter Form Hund= Canis lupus f.familiaris.

Für domestizierte (zum Haustier gewordene) Tierarten gelten also nach internationaler Übereinkunft als korrekte Nomenklaturen die jeweils anerkannte Nennung der Stammart (ohne Unterart-Kennzeichnung) mit einem Zusatz, welcher sie eindeutig als Domestikationsformen kennzeichnet. Trotz teils gegenteiliger Debatten ist der Wolf als Stammart für den Hund mehrheitlich akzeptiert.

Rassenbildung

Ausschlaggebend für das gezielte Herauszüchten verschiedener Merkmale durch Zuchtauslese (Selektion) war das Offensichtlichwerden verschiedener „Typen" von Hunden. Das Erkennen von bestimmten Eigenschaften wie Zahmheit, Zutraulichkeit, Wachsamkeit, Jagdtrieb usw.,

*Rassenzucht und
Zucht-Ziele*

womöglich in Verbindung mit augenscheinlichen äußeren Ausprägungen wie Größe, starke Bemuskelung, Beinlänge, Figur etc. führte zur Zuchtwahl, um gewünschte Merkmale langfristig zu fördern.

Anfängliches Zuchtziel der in der Nähe prähistorischer Menschen hausenden Wölfe/ Wolfshunde/Hunde, die als Entsorger deren „Müll" fraßen, war vermutlich die Zutraulichkeit. Aus den „aufdringlichsten" Hunde-Vorstufen wurde mit sehr anhänglichen, nicht aggressiven Exemplaren weiter vermehrt.

Aus Spielgefährten für Kinder (oder Kind-Ersatz für Menschenfrauen) wurden nächtliche Wächter. Die zweite Stufe der Rassenbildung hob die frühen Hunde aus dem „Schmarotzertum mit automatischer Wachfunktion" auf die Ebene von Hütehunden und Jagdhelfern. Der Mensch wurde als neuer „Leitwolf" akzeptiert und Befehle von ihm erlernt und befolgt. Vor etwa 500 Jahren begann die Zucht in Richtung einzelner „Spezialisten".

Die Schrumpfung des Gehirns gilt ganz allgemein als Domestikationsmerkmal von Wirbeltieren. Beim Hund kam als neue Rassen-Äußerlichkeit die Verkürzung der Kiefer hinzu. Der Erhalt solcher Merkmale, die draußen in der freien Wildbahn von Nachteil wären, funktioniert nur in menschlicher Obhut: Beuteerwerb ist nicht mehr nötig, das Futter kommt vom Menschenrudel.

Mit der industriellen Revolution nahm die Freizeit der Menschen zu: nun konnten und wollten sie sich auch (wieder) „tierischen Nichtsnutzen" widmen. Das äußere Erscheinungsbild mit Größe, Form und Farbe trat in den Vordergrund der Zuchtbemühungen. Seit Mitte bis Ende des 19. Jahrhunderts spricht man von systematischer Rassezucht. In diese Zeit fällt auch das Auftauchen von Vereinen zur Erhaltung bestimmter Rassen. In Deutschland gab es im Jahr 1863 die erste Hundeausstellung (Hamburg), seit 1880 einen Rassezuchtverband.

Je nach Anerkennungsstandard werden weltweit 400 - 800 Hundetypen als Rassen anerkannt. Europa ist dabei recht streng und fordert hohe Kriterien zur Anerkennung als echte Rasse, daher liegen europäische Länder eher bei 400-500 Hunderassen, der große Rest sind sogenannte „Farbschläge" oder Behaarungstypen.

Qualzuchten:
Diese neuere Wortschöpfung aus dem Tierschutzrecht betrifft heute verschiedene Spezies, doch hat man sich bereits ab dem ersten Drittel des 20. Jahrhunderts Gedanken gegen die Züchtung aus „tierschützerischen Gesichtspunkten" gemacht, z.B. bezüglich schwanzloser Katzen.

Inzwischen werden mehrere erbliche Ausprägungsmerkmale als Qualzucht diskutiert. Haarlosigkeit und extreme Kurzköpfigkeit mit „Knicknase" samt Atmungsbehinderung gehören auf jeden Fall dazu. Ebenso ist die Weiterzucht mit an bestimmte Fell - oder Augenfarben gekoppelten Defekten, etwa Blindheit oder Taubheitlaut Tierschutzgesetz strikt abzulehnen.

Auch wird man sich fragen müssen, wo noch der normalen Bewegungsfähigkeit zuträgliche Kurzbeinigkeit gegeben ist und wo weitgehend funktionslose Stummelbeinigkeit beginnt.

Ernährungstypen

Alle höher entwickelten Tiere lassen sich von ihren grundsätzlichen Nahrungsansprüchen her in grob drei Gruppen einteilen. Grob deshalb, weil es natürlich zahllose Zwischenformen gibt und die Übergänge fließend sind. Aber auch Sonderformen kommen hinzu und wollen irgendwo eingeordnet sein. Von daher macht das Schema Pflanzenfresser - Allesfresser - Fleischfresser schon Sinn. Vielen Tierbesitzern sind die entsprechenden Fachbegriffe dazu bereits geläufig: Herbivore, Omnivore, Carnivore. Betrachten wir zunächst die Endglieder biologischer Nahrungsketten, die Fleischfresser.

Herbivore, Omnivore, Carnivore

Fleisch ist falsch

Leider ist der Begriff „Fleischfresser" ebenso falsch wie eingebürgert. Kein Tier aus dieser Gruppe frißt nämlich nur Fleisch im Sinne menschlicher Definition. Fleisch ist Muskulatur und zum Fleisch gehören allenfalls noch einige gut nutzbare Innereien. Kein Tier könnte allein davon leben, ja selbst wenn die sogenannten tierischen Nebenerzeugnisse hinzu kämen, wäre dies selbst für extreme „Fleischfresser" wie die Katze nie komplett und ausgewogen. Denn in der Natur bzw. auf Seiten der Vorfahren unserer Heimtiere werden von sogenannten „Carnivoren" ganze Beutetiere verschlungen oder doch Körperteile und Inhalte der Beuteorganismen aufgenommen. Einzig korrekt wäre von daher der Begriff „Tierfresser" oder -wissenschaftlich- „Faunivore". Allerdings ist nichts schwerer, als einen einmal eingefahrenen Begriff, und sei er noch so sachlich falsch, aus den Köpfen und Büchern mancher Fachleute zu bringen. Aber wenn ein räuberisch lebender Buntbarsch einen Beutefisch verschlingt, wenn die Katze sich Mäuse einverleibt, eine Echse Insekten oder ihre Larven vertilgt oder wenn Greifvögel kröpfen dann werden stets Tiere oder Tierteile und nie nur Fleisch gefressen!

Fleischfresser sind Tierfresser

„Alles" ist unschön

Auch der Begriff „Allesfresser" ist eher unappetitlich, denn selbst Schweine und Menschen, beides beispielhafte Omnivoren, nehmen bei weitem nicht alles zu sich. Gemeint sind mit Allesfressern all die Organismen, die als Gemischtfresser sowohl tierische als auch pflanzliche Nahrung brauchen. Auf unserer groben Skala der Ernährungstypen stehen sie in der Mitte des Systems zwischen Carni- und Herbivoren. Sehr viele Allesfresser verfügen über Verdauungseigenschaften und körpereigene Speicher- oder Umbaumechanismen, die zumindest zeitweilige Extremernährung sowohl in die pflanzliche als auch in die tierische Richtung erlauben. Aber selbst diese außerordentliche Anpassungsfähigkeit darf nicht auf Dauer einseitig übertrieben werden.

Herbivore

Am korrektesten klassifiziert die Tierernährungslehre als Teilgebiet angewandter Biologie die Pflanzenfresser: Herbivore Organismen leben im Normalfall tatsächlich von Pflanzen und Pflanzenteilen wie Samen, Früchten, Blättern oder Wurzeln. Im Normalfall will heißen, dass die Definition als Pflanzenfresser nur für ausgewachsene Tiere gilt. Zahlreiche Pflanzenfresser sind als Jungtiere Gemischtköstler in Richtung Allesfresser. Eltern versorgen ihre Jungen oft mit zusätzlichem tierischen Eiweiß, um den höheren Proteinbedarf und die Anforderungen an die Eiweißzusammensetzung während des raschen Wachstumsstartes optimal zu erfüllen.

Übergänge

Die Stellung einiger Heimtiere auf einer gedachten Verbindungslinie der drei groben Freßformen liegt zwischen den eben erläuterten Positionen. Sie gilt für den oben erläuterten „Normalfall", also für gesunde, durchschnittliche, erwachsene Tiere ohne gerade laufende Familienplanung. Man sieht daraus, dass es fast keine Extremformen gibt. Die Katze ist nur dann ein ausgeprägter „Fleischfresser", wenn man „Tierfresser" meint. Denn mit dem Magen- und Darminhalt der Beute werden sehr wohl einige wenige vorverdaute Pflanzenbestandteile aufgenommen, die ernährungsphysiologisch von Bedeutung sind. Davon braucht der Hund schon etwas mehr, er nimmt als Wolf ja auch in der freien Wildbahn routinemäßig Früchte, Wurzeln, Pilze, Beeren und dazu noch den pflanzlichen Inhalt seiner Beute auf. Er steht daher etwas links von der Katze, aber noch weit entfernt von klassischen Allesfressern. Hunden andererseits nur schieres Fleisch zu geben erzeugt ein

Allesfresser sind Gemischtfresser

Ernährungstypen

typisches Krankheitsbild mit weichen, übelriechenden Exkrementen und Entgleisung der Darmflora durch Fehlgärungen, von dem in Sachen Fütterung versierte Tierärzte ein Lied singen können. Aus Sicht der Tierernährung dürfte auf keiner „Nur-Fleisch-Dose" für Hunde selbst bei Vitaminierung und Mineralisierung das Wort „Alleinfuttermittel" stehen.

Frau Dr. Gastmann rät:
Historisch betrachtet gab es verschiedene Hunde-Verpflegungskonzepte. Der Mensch verabreichte schon „Tischabfälle", als es noch gar keine Tische gab. Dies sollte unterbleiben, denn Menschennahrung ist Alles- oder Gemischtfresser-Kost und zudem meist zu salzig und/oder stark gewürzt. Auch wenn der Hund vom wilden Wolf zum zahmen Freund und Hausgenossen des Menschen wurde, ist er unabhängig von der Rasse ernährungsphysiologisch immer noch wie damals. Die Zucht hat die Verdauung kaum verändert! Extreme wie „nur Knochen" oder „nur reines Fleisch" sind ungesund. Viele Menschen folgen inzwischen dem Ruf nach hohen und höchsten Anteilen pflanzlicher Bestandteile in ihrem täglichen Essen. Dies kann und darf nicht auf Hunde übertragen werden, denn Canis lupus ist nun einmal kein Herbivore. Eine komplette und ausgewogene Ernährung ist mit strengen Vegetarier-Rezepturen für Hunde nicht zu gewährleisten.

3. Tierernährungslehre für Hundefreunde: Kein „Buch mit sieben Siegeln"

Etwas Futtermittelrecht vorab:
Beim Futtermittelrecht geht es vordergründig zunächst nur um die Beachtung und den Vergleich amtlich vorgeschriebener Deklarationen. Sicher helfen die beiden nachfolgenden Kapitel aber auch bei der kritischen Würdigung von Werbematerial und Informationsunterlagen.

Futtermittelgesetz und Futtermittelverordnung
Das Futtermittelgesetz ist bundesweit gültig (in sehr ähnlicher internationalisierter Form EU-weit) und dient als übergeordnetes Rahmenwerk für die eigentlichen Praxis- und Durchführungsbestimmungen, deren Überwachung und gegebenenfalls Ahndung dann jedoch Ländersache ist. Maßgeblich dafür sind die Durchführungsvorschriften in der sogenannten Futtermittelverordnung.

Ferner werden durch laufende Anpassungen an EU-Richtlinien auch grundlegende futtermittelrechtliche Aussagen
revidiert oder ergänzt. Allgemeinere Inhalte haben eine
Änderung des Futtermittelgesetzes zur Folge, die mit speziellen Anpassungen der Futtermittelverordnung einher-
geht.

Einzelfuttermittel

Ob Sonnenblumenkerne oder Schweineohren, ob Hirse
oder Ochsenziemerstücke, all das sind sogenannte Einzelfuttermittel, weil sie ohne Beimischungen eben einzeln
sind. Sie werden entweder zu ergänzenden Zugabe-
zwecken, als Leckereien oder Snacks oder als Zutat zum
Selbstmischen von Rezepturen verkauft. Der Verwen-
dungszweck spielt dabei keine Rolle, nach Wissen beim
Anbieter oder Händler (was man damit alles anstellen
kann) wird nicht gefragt, aber ein Minimum an Deklarationen gibt es auch hier. Fast schon putzig aber durchaus
ernst zu nehmen ist die Vorgabe, dass theoretisch voran
überall zunächst das Wort „Einzelfuttermittel" stehen
müsste. Ein Fakt, der wenig beachtet, aber auch kaum ge-
ahndet wird. Danach folgt eine Bezeichnung der Ware,
welche „der Natur des Stoffes entsprechen muss". Hier ist
zu nennen, welcher natürlichen Herkunft das Einzelfuttermittel entstammt, also z.B. Sonnenblumenkerne oder
Erdnusskerne oder Färberdistelsaat (Kardi) oder Japanhir-
se und es muss die Art der Be- oder Verarbeitung genannt
werden. Also z.B. Schweineohren (das ist die Herkunftsbe-
zeichnung vom Schwein und die Natur des Stoffes, nämlich
ein totes Ohr) und danach z.B. „getrocknet" oder „geräu-
chert". Letzteres wäre die Art der Be- oder Verarbeitung.
Dazu sind Gewicht (Volumen bei trockenen Futtermittel,
früher bei Zierfischfutter üblich, gibt es als Pflichtangabe
nicht mehr!) und/oder Stückzahl bei verpackten Einzelfuttermitteln zu nennen.

Mischungen

Ob als Mischung optisch erkennbar (sogenannte dinner-
type-Mixe, also eintopfartige Futtergemenge, bei denen
man die Komponenten gut sieht) oder „in sich einseitig
aussehende", gleichförmige Partikel, die aber aus mehli-
gen oder griesigen Mischungen produziert wurden: das
Futtermittelrecht spricht dann von Mischfuttermitteln.
Hier nimmt nun die Kennzeichnungspflicht deutlich an
Umfang zu!

Pflicht ist zunächst die Entscheidung und Nennung, ob es
sich um ein Allein-, Ergänzungs- oder Mineralfuttermittel
handelt (bei Heimtieren außer Hunde und Katzen dürfte

da auch die Bezeichnung „Mischfuttermittel" stehen). In jedem Fall jedoch zusätzlich erforderlich ist die Aufschrift der Ziel-Tierart oder Tierkategorie, eventuell auch noch verbunden mit Verwendungshinweisen, falls die Bezeichnung diesbezüglich nicht eindeutig ist. Wenn der Wassergehalt höher als 14% ist, ist dieser zusätzlich anzugeben. Völlig unabhängig vom Futtermitteltyp sind etliche Zusatzstoffe immer zu deklarieren, wenn sie dem fraglichen Mischfuttermittel zugesetzt worden sind: z. B. Antioxidantien, Citronensäure, färbende Stoffe und Pigmente, Konservierungsstoffe, Spurenelemente, Vitamine, Leistungsförderer, Krankheitsverhüter, Enzyme und Mikroorganismen, die sämtliche in den Anlagen zur Futtermittelverordnung unter „Zusatzstoffe" beschrieben sind. Sofern behördlicherseits erteilt, ist auch noch eine Anerkennungs- oder Registrier-Nummer des eigentlichen Herstellers auf der Beschilderung notwendig.

Ganz „wild" von der Kennzeichnungspflicht her wird es schließlich bei Mischfuttermitteln für Hunde und Katzen. Deklaratorisch ist dies die am strengsten gehandhabte Futter-Warengruppe im Heimtierbereich. Der Gesetzgeber schreibt hier außer den o.g. Angaben noch die Inhaltsstoffe Rohprotein, Rohfett, Rohfaser und Rohasche (alle in %) vor, bei allen anderen Heimtieren sind dies lediglich Kann-Angaben, allerdings vom Tierbesitzer durchaus erwünscht. Hinzu kommt die Verpflichtung zur Angabe der Zusammensetzung der Mischfuttermittel für Hunde und Katzen, sprich: die Zutaten sind entweder als Einzelfuttermittel oder verschlüsselt-zusammengefasst als Warengruppen-Deklaration (Beispiele: Fleisch und tierische Nebenerzeugnisse oder: Geflügelmehl; Fisch- und Fischnebenerzeugnisse oder: Lachs) in absteigender Reihenfolge der Verwendung zu nennen. Auch dies ist außer bei Hunden, Katzen und Nutztieren nur eine Kann-Nennung. Es gibt darüberhinaus noch einige Inhaltsstoffe, die zusätzlich genannt werden können, hierzu auf Einzelheiten einzugehen, würde den futtermittelrechtlichen Rahmen sprengen. Nur soviel sei gesagt: völlig frei ist man in der Gestaltung seiner Verpackungsbeschriftung nicht, denn nur die Summe aus den Muss- und den Kann-Angaben ergibt die Darf-Angaben, will heißen, dass man auf der amtlichen Kennzeichnung bei weitem nicht alles über ein Futtermittel sagen darf!

Zeitangaben auf der Verpackung
Dies betrifft alle Mischfuttermittel und bezieht sich auf zwei zwingend notwendige Zeitangaben. Das Mindesthaltbarkeitsdatum (MHD) ist in jedem Fall absolute Pflicht,

Mindesthaltbarkeit und Herstellung

die entsprechende Angabe lautet: „mindestens haltbar bis (Monat/Jahr)", die Angabe in der Klammer sind also zwei reale Zahlen z.B. durch Schrägstrich getrennt und dann ohne Klammer. Ebenfalls verpflichtend ist ein Hinweis zum Herstellungsdatum, es sei denn, man nennt eine Bezugsnummer der Mischfutter-Partie, aber eines von beiden muss sein! Alternativ ist auch das indirekte Herstellungsdatum erlaubt, man kennt ja vielleicht von anderen Fertigpackungen den schönen Satz „hergestellt xy Monate vor dem Mindesthaltbarkeitsdatum", xy ist dann die Zahl der Monatsdauer der Haltbarkeit.

Hat man ein Mineralfuttermittel vor sich, werden noch die Werte für Calcium, Phosphor und Natrium zur Pflichtangabe.

Ein wichtiger Stoff: Wasser

Obwohl Wasser, ein Molekül aus zwei Atomen Wasserstoff und einem Atom Sauerstoff, keinerlei Nährwert besitzt und keine Energie enthält, ist es dennoch lebenswichtig. Dieses Lebenselexier dient höheren Organismen und damit auch dem Hund als Lösungs- und Transportmittel. Wirbeltiere bestehen zu etwa 70 - 75 % aus Wasser, da es der Hauptstoff der Zellflüssigkeit in fast allen Geweben und Zelltypen ist. Weiterhin ist Wasser für die Aufrechterhaltung der Körpertemperatur (Thermoregulation) unabdingbar und es schwemmt über Harn/Urin auch gelöste Abfallstoffe aus dem Organismus. Wasser ist entweder in Beute/Nahrung/Futter enthalten oder es muss separat zur ständigen freien Aufnahme zur Verfügung stehen. Allerdings entsprechen die wenigsten Hunde dem gut gemeinten Idealhinweis vieler Futtermittelhersteller auf „frisches Wasser", welches man bereitstellen sollte. Vielmehr saufen diese Tiere meist lieber etwas abgestandenes und der Umgebungstemperatur entsprechendes Trinkwasser.

Feuchte im Futter?

Die natürlichen Beutetiere von Hund/Wolf enthalten ca. 75 % Wasser. Ein entsprechender Gehalt in Nassfutter aus Fleisch und tierischen Nebenerzeugnissen ist daher auch noch bis zu einem Wert von 80 % als natürlich und normal anzusehen, bei darüber hinaus gehenden Wassergehalten (meist „Feuchtigkeit" genannt) ist von zugefügtem Prozesswasser auszugehen. Gleich welche Art der Fütterung man bevorzugt, muss Trinkwasser in jedem Fall gereicht werden. Bei Trockenfütterung wird mehr getrunken als bei Nahrung mit naturgemäß höher enthaltenem Wasseranteil.

Mineralische Bestandteile in der Verpflegung dienen der Versorgung mit Mengen- und Spurenelementen. Würde man entsprechende Mineralwässer als Tränke zur Verfügung stellen, könnten Hunde ihren Mineralstoffbedarf teilweise auch daraus decken. Je nach Geschmack und Kohlensäuregehalt ist die Akzeptanz solcher Wässer jedoch mehr oder weniger schlecht. Ein Zurückgreifen auf normales Leitungswasser, welches hierzulande als eines der am besten überwachten Lebensmittel gilt, ist jedoch völlig hinreichend.

Energie

Jedes Mischfuttermittel enthält Energie. Beim Hundefutter wird der Gehalt ausgedrückt als „verwertbare Energie" (ME), gemessen in Megajoule (MJ) pro Kilogramm, also MJ ME/kg. Dabei liefert eine optimale Rezeptur in Verbindung mit der richtigen Futteraufnahmemenge alle Brennstoffe, die der Stoffwechsel braucht. Hier werden nun die Gründe für unterschiedlichen Energiebedarf erläutert und wichtige Begriffe geklärt.

Alle Tiere fressen, um zu leben. Und Leben heißt Energieverbrauch und deshalb nehmen Lebewesen in erster Linie Nahrung auf, um ihren Energiebedarf zu decken. Dieser Energiebedarf kann sehr unterschiedlich sein und er richtet sich nach vielen Gegebenheiten. Jeder Organismus hat dabei zunächst einmal einen Grundbedarf, der ohne die Entfaltung irgendeiner Aktivität zum Aufrechterhalten der Körperfunktionen stets vorhanden ist. Man spricht vom Erhaltungsbedarf an Energie.

Energie zur Erhaltung...

Atmung, Herzschlag mit Blutkreislauf und viele, innere Prozesse, die auch bei absoluter Ruhe ablaufen, wollen aus dem Erhaltungsbedarf bestritten sein. Bei den gleichwarmen (homoiothermen) Wirbeltieren (Vögel und Säuger) kommt hier noch die Funktion des ständigen Haltens einer bestimmten Körpertemperatur hinzu. Ein nicht unerheblicher Teil des Energiebedarfs im Erhaltungsstoffwechsel wird von diesen Tieren und vom Menschen darauf verwendet: Bei Kälte muss der Stoffwechsel „einheizen", um die Solltemperatur zu halten. Bei drohender Überhitzung wird Energie „verbrannt", um die Kühlprozesse zu fördern. Klar, dass bei Körperheizmaßnahmen wie Muskelzittern, Aufplustern, passenden Blutgefäßveränderungen und Angriff auf die Fettreserven Energie verbraucht wird. Aber auch für die Kühlung durch Schwitzen, Hecheln (Hunde können nicht schwitzen!) und beschleunigten Bluttransport wird im Erhaltungsbedarf bei Hitze mehr Energie gebraucht als bei der Optimaltemperatur. Fatal ist allerdings, dass die meisten Tiere bei herrschender Über-temperatur in ihrer Umgebung nicht gerne viel Nahrung aufnehmen. Die Fressmenge sinkt, weil Verdauungsarbeit Wärme erzeugt, die bei zu hohen Temperaturen ungünstig ist. Der gegebene Mehrbedarf für Kühlprozesse ist daher aus Reserven zu decken. Doch wehe, wenn diese nicht vorhanden sind, etwa, weil vorher nicht optimal gefüttert wurde! Schwäche wegen Unterversorgung und vermehrte Krankheitsanfälligkeit durch sogenannten Temperaturstress sind die Folge.

...und bei Leistung

Alles, was über den Erhaltungsbedarf bei absoluter Ruhe hinausgeht, entspricht schon einer körperlichen Leistung. Und für jede Aktivität wird schon etwas mehr an Energie benötigt, die aus dem Futter zu decken ist. Der Begriff „Leistung" ist dabei recht relativ, vor allem ist er in der Ernährungslehre ein anderer als im sportlichen oder arbeitsmäßigen Sinn. So fanden Tierernährer heraus, dass ein stehender Hund innerhalb eines vorgegebenen Zeitraums etwa 40 % mehr Energie umsetzt als ein liegender Hund in der gleichen Zeit! Was für die Tierernährungslehre schon einen gehörigen Mehrbedarf bedingt, würde im Alltag nicht einmal als Aktivität angesprochen, geschweige denn als Leistung. Jede Form der Muskelarbeit bedeutet für die angepasste Fütterung eine Leistungssteigerung, die energetisch nachvollzogen werden muß. Dennoch wird zur Bestimmung der richtigen Futtermenge pro Tier und Tag von Praktikern der Tierernährung folgende Vereinfachung als zulässig erachtet: Genau wie im Erhaltungsstoffwechsel (wissenschaftlich korrekt nur dort) ist auch bei „normaler Aktivität" das wichtigste Kriterium für richtige Energiezufuhr die Konstanthaltung des Körpergewichts. Dies gilt selbstverständlich nur für voll ausgewachsene Wirbeltiere und will heißen: Was „normale Aktivität" ist, sagen uns ein gesunder Menschen- und Tierverstand sowie das Wissen um artgemäße Bewegung bzw. die Erfahrungen zu optimaler Unterbringung. Man füttert dann richtig, wenn bei eben diesen normalen Aktivitätsentfaltungen weder Zunoch Abnahme der Lebendmasse unserer erwachsenen Pfleglinge zu registrieren sind.

Theorie und Praxis

Beim Hund gibt es für verantwortungsbewusste Tierhalter, die sich nicht auf Augenmaß oder Fingerspitzengefühl verlassen wollen, eine experimentelle Möglichkeit zum Herausfinden der optimalen Energiezufuhr, sprich Fütterungsmenge. Unter täglichem Wiegen des Tieres wird die Nahrungsmenge solange leicht variiert, bis das Körpergewicht drei Wochen lang ohne einschneidende Veränderung bei der geleisteten Aktivität konstant bleibt. Die Messung des Körperumfangs an immer der gleichen Stelle, nämlich am Übergang Brustkorb - hinterste Rippen - Bauch sollte dann auch gleichbleibende Werte geben. Diesen Tip gebe man gern an alle Personen weiter, die mit den Fütterungsempfehlungen auf Futterpackungen nicht klar kommen. Diese können (aus unten zu nennenden Gründen) aber stets nur Richtwerte und erste Hinweise sein, die aus vielen Mittelwerten zahlreicher Versuche gewonnen wurden. Eine Futterverpackung enthält nun einmal organisches, d. h. aus der Natur stammendes Material (Futter) für belebte Systeme, die messbar höchst unterschiedlich reagieren (Tiere) und man kann davon nicht die absolute Aussagekraft und Detailtreue einer technischen Gebrauchsanleitung erwarten. Vielmehr sind Tierbesitzer zu eingehenden Beobachtungen der ihnen anvertrauten Lebewesen aufgefordert. Die richtige Energiezufuhr obliegt hier nun einmal so subjektiven Dingen wie dem oben erwähnten Augenmaß, dem „Feeling" fürs Tier und - schon deutlich objektiver - der Weitergabe gewonnener, praktischer Erfahrung oder dem regelmäßigen Abtasten der Körperregionen, wo überschüssige Energie in Form von Körperfett abgelagert wird.

Unterschiedliche Verwerter
Selbst Tiere der gleichen Art können mit sehr unterschiedlichen Futterenergiemengen zurechtkommen. Auch innerhalb einer Rasse gibt es teils erhebliche Schwankungen der optimalen Zuführung von Brennwerten. Dies ist dann, genau wie bei uns Menschen, individuell bedingt. Sie wissen ja, es gibt Zeitgenossen, die können essen und trinken, was sie wollen, ohne gewichtsmäßig zuzulegen. Anderen braucht man eine fette Schweinshaxe nur zu zeigen und sie nehmen schon zu! Warum sollte dies bei höheren Tieren mit den gleichen Organsystemen und prinzipiell ähnlichen Stoffwechselfunktionen denn anders sein? Auch hier greift das Bild von guten und schlechten Futterverwertern. Vitalität der Organe und persönliches Temperament, der Isolationszustand von Haut und Haar, also individuelle Merkmale oft im Zusammenhang mit Veranlagung und Vererbung prägen diverse Auswertungsgrade der Nahrung und damit den unterschiedlichen Energiebedarf einzelner Organismen gleicher Art, Rasse und Herkunft selbst bei identischen Haltungsbedingungen.

Äußere Einflüsse
Jede Änderung an den Haltungsbedingungen führt zu Änderungen des Energiebedarfs. Muskelarbeit, also Bewegungsleistung, wurde als Haupteinflussfaktor ja schon genannt. Beispiele wären beim Hund die Steigerung vom

Wohnungsaufenthalt über den täglichen Spaziergang bis zur ausgedehnten Wanderung am Wochenende. Arbeitshunde bei der Jagd, im Wach- und Schutzdienst oder Hütehunde sowie die Sportler unter den bellenden Vierbeinern brauchen natürlich mehr Energie und fressen demgemäß ganz anders als ihre „Wohnungskollegen". Auch die Bedeutung der Umgebungstemperatur ist schon angeklungen, doch spielen weitere Kleinklimafaktoren bei der Beeinflussung des Energiebedarfs eine Rolle: Luftfeuchtigkeit und Luftbewegung greifen in das körperliche Wohlbefinden ein und jeder Mechanismus, der Tieren zur Gegenregulation zur Verfügung steht, hat Auswirkungen auf den Energiehaushalt.

Das Fortpflanzungsgeschehen mit den energiezehrenden Zeiten der Trächtigkeit (ab 2. Hälfte, besonders letztes Drittel) und der Jungtieraufzucht sind energetisch betrachtet natürlich besonders markant. Bei Säugetieren während der Laktation wird zur Milchbildung Energie bis zum vierfachen des Erhaltungsbedarfs gebraucht.

Auswirkungen

Quer durch alle Wirbeltierklassen lassen sich die Folgen falscher Energieversorgung ganz einfach zusammenfassen: Tiere, die zu wenig Energie erhalten, magern ab. Diese Untergewichtigkeit bedingt allgemeine Schwäche und wachsende Anfälligkeit des Organismus. Das andere Extrem ist die Überversorgung mit Energie: Diese Tiere werden schlicht zu fett. Übergewichtigkeit wird meist erst in Liebhaberhand durch allzu gut gemeinte Fütterungspraxis (und/oder Leckerlifütterung) erzeugt.

Nähr- und Wirkstoffgruppen und ihre Funktion

In diesem Kapitel geht es um die Bestandteile der Nahrung und ihre Bedeutung. Jedes Futter hat eine ihm eigene stoffliche Zusammensetzung, die sich durch chemische Analysemethoden quantitativ (Menge) und qualitativ (Art der Stoffe) bestimmen lässt. Neben der sozusagen verschlüsselt enthaltenen Energie und dem Wasser interessieren uns hier zunächst die sogenannten Rohnährstoffe. „Roh" heißen sie und ihre gleich zu besprechenden Einzelvertreter deshalb, weil auch ihre Analytik lediglich einen allgemeingültigen, eben relativ rohen Wert ohne Detailaussage zu tatsächlichen Nähreigenschaften für die einzelne Tierart oder gar das Individuum zu Tage fördert. Die Um- und Abbaumechanismen der Rohnährstoffe Eiweiß (Rohprotein), Fett (Rohfett), Kohlenhydrate im engeren Sinne (stickstofffreie Extraktstoffe) und der Gruppen der Mineralien und Spurenelemente (Rohasche) sowie Rohfaser (spezielle Kohlenhydrate) sind jedoch bei Wirbeltieren grob vergleichbar. Auch die prinzipielle Wirkungsweise im

Organismus unterscheidet sich nur wenig, eine Ausnahme bildet die Rohfaser (siehe unten). Beginnen wir mit den wichtigsten Bausteinen aller tierischen Organismen, den Proteinen oder Eiweißstoffen.

Was verbirgt sich hinter „Rohprotein"?
Proteine sind nichts anderes als eine Aneinanderreihung, Verkettung und dabei auch noch dreidimensionale Vernetzung exakt festgelegter Reihenfolgen von einzelnen Aminosäuren. Die Biochemie kennt inzwischen über 20 dieser Eiweißbausteine und derzeit müssen wir davon ausgehen, dass viele dieser Aminosäuren für Hunde essentiell sind. Der Begriff „essentiell" bedeutet, dass die so bezeichneten Stoffe als zum einen absolut unentbehrliche Substanzen gelten und zum anderen als solche, die nicht irgendwo selbst im Organismus aus Um- oder Abbauvorgängen selbst aufgebaut werden können. Besonders die essentiellen Aminosäuren müssen im Hundefutter-Proteinanteil nicht nur jede für sich in ausreichender Menge, sondern alle auch in einem bestimmten Verhältnis zueinander enthalten sein. Für alle Rohnährstoffe gilt, dass sie im Zielorganismus auch genau zu den Bestandteilen abgebaut werden, aus denen sie naturgemäß aufgebaut sind. Hinsichtlich der Eiweiße heißt dies, dass jedes Tier versuchen wird, aus Nahrungsprotein so gut und so viel wie möglich körpereigenes Eiweiß aufzubauen. Gelingt dies in hohem Maße spricht man von sehr gut verdaulichem Eiweißanteil innerhalb der Rohproteinfraktion. Je eher ein Protein bzw. viele verschiedene Eiweißquellen innerhalb eines Futters der Eiweißzusammensetzung des damit versorgten Tieres entspricht, umso besser verdaulich, also verwertbar wird es für das entsprechende Tier sein. Die Natur erfüllt diese Anforderungen in geradezu idealer Weise, indem sich natürliche Futtergrundlagen und dazu passende Organismen in jahrmillionenlanger Entwicklung parallel abgestimmt haben. Die Futterhersteller versuchen dies in gleicher Weise durch die passende Auswahl geschickt kombinierter „Eiweißlieferanten". Kein einziger Rohstoff enthält jedoch alle essentiellen Aminosäuren in der richtigen Menge und Qualität. Eine Komposition unterschiedlicher Zutaten muss diese Lücken der Rohstoffeinzelgehalte an Proteinen füllen.

Wo wird nun Protein im Körper gebraucht?
Früher hat man häufig die Eiweiße nur als Aufbaustoffe gesehen, die vor allem der jugendlichen, also im Wachstum befindlichen Kreatur dienen. Dabei ist lediglich richtig, dass heranwachsende Organismen mehr Protein

benötigen als ausgewachsene. Aber auch in Letzteren finden ständig Neubildungen organischer Art statt, die der Aufbausubstanz „Protein" bedürfen, etwa die ständige Erneuerung von Körperflüssigkeiten und Verdauungssäften (Blut, Lymphe, diverse Sekrete), Boten- und Hilfsstoffen (Exkrete, Hormone, Enzyme), Nachschub an Haut-, Schleimhaut- und Fellsubstanzen sowie der Ersatz dem natürlichen Verschleiß unterliegender Gewebe. Auch das Auskurieren innerer und äußerer Verletzungen verbraucht ebenso laufend Proteine wie die permanente Erneuerung von Darmzellen, die - abgeschilfert vom Nahrungsbrei - mit dem Kot ausgeschieden werden. Bei Kaltblütern ist Protein neben Fett und Kohlenhydraten (siehe unten) eine normalerweise mitgenutzte Energiequelle zur Teilverbrennung etwa bei Bewegungsprozessen, bei Hunden ist dies wie bei allen Warmblütlern zwar möglich, aber nicht gewollt. Protein als Energieträger ist erstens zu teuer und zweitens bei energetischer Verbrennung recht stoffwechselbelastend.

Bei allen Tieren mit Magen beginnt die Eiweißverdauung eben dort und zwar durch die Einwirkung von in Spezialzellen erzeugter Salzsäure. Erste Enzyme zerlegen die Proteine in etwas kürzerkettige Bestandteile. Aus der dreidimensionalen Proteinstruktur werden nach und nach Peptidketten, immer kürzere, aus nur wenigen Aminosäuren bestehende Peptide und schließlich die einzelnen Aminosäuren. Nur sie können durch die Darmwand hindurch geschleust und den Körperflüssigkeiten zum Weitertransport an die Zielsysteme übergeben werden.

Und was ist Rohfett?

Fette oder Lipide bilden gemeinsam mit fettähnlichen Substanzen (Lipoide) die stoffliche Futterfraktion des Rohfettes. Fette stellen in erster Linie eine einerseits gut erreichbare und andererseits speicherfähige Energiequelle dar. Daneben üben sie einen günstigen Einfluss auf die Futterverwertung und damit auf das Wachstum aus. „Öl" ist die landläufige Bezeichnung für Fette, welche bei Raumtemperatur flüssig sind, es gehört damit zu den Lipiden im eigentlichen Sinn. Jedes Fett ist aus Fettsäuren aufgebaut, von denen wieder einige als essentiell gelten müssen. Daher ist bei der Futterzusammensetzung neben der Fettmenge auch dessen Qualität ganz entscheidend für eine gute Verdaulichkeit im Zielorganismus. Neben der Verbrennung zu energetischen Zwecken haben einzelne Fettsäuren auch noch gezielte Einzelfunktionen an verschiedenen Stellen der Organsysteme (Fettneusynthese, Wachstums- und Heilungsstimulans, Transportfunktionen, Augen- und Nerventätigkeit, Färbung von Haut). Für Bindung und Verwertung der fettlöslichen Vitamine sind Lipide unabdingbar. Hier und bei den anderen Fettfunktionen stehen die allesamt essentiellen sogenannten ungesättigten Fettsäuren im Vordergrund. Dieser Begriff kennzeichnet Fettbausteine einer ganz bestimmten chemischen Struktur. Eine exakt definierte Kettenlänge und viele freie, reaktionsfreudige Bindungsstellen charakterisieren diese wichtigen Stoffe.

Kohlenhydrate

Die Stoffgruppen der Zuckerarten und ihre Verbindungen bilden die sogenannten Kohlenhydrate. Sie sind bis auf das Glykogen (Speichersubstanz der Wirbeltierleber) und den Blutzucker alle pflanzlichen Ursprungs. Die komplexesten Kohlenhydrate sind Stärke und Cellulose. Komplex deshalb, weil sie aus Zuckerbausteinen aufgebaut sind, die sehr langkettig und ineinander wieder dreidimensional vernetzt und zudem chemisch sehr fest miteinander verbunden sind. Bei der Cellulose und verwandten Stoffen aus Zellwänden ist dieser Verbund so fest und charakteristisch, dass er mit einer eigenen Analysenmethode von den übrigen Kohlenhydraten ablös- und darstellbar ist. Die so gewonnene Gruppe heißt dann „Rohfaser" und wird gleich noch kurz zu betrachten sein. Biochemisch ist Rohfaser aber in jedem Fall eine Untergruppe der Kohlenhydrate. Alle Nicht-Faserbestandteile davon werden auch als stickstofffreie Extraktstoffe (abgekürzt: NfE) benannt und in einem Futter selten einzeln analysiert, sondern in ihrer Summe berechnet. Die Stärke als stabiles „Zuckernetzwerk" kann nur von wenigen pflanzenfressenden Tierarten direkt verwertet werden. Allen anderen hilft die Natur durch Vorverdauung in Beuteorganismen oder man kann Stärke technisch tierverfügbar oder teilverdaulich machen. Dann können auch aus Hundenahrung einfacher zusammengesetzte Kohlenhydrate gezogen werden, wobei man je nach Anzahl der entstehenden Zuckermoleküle von Monosacchariden (Einfachzucker), Disacchariden (Zweifachzucker, z.B. unser Rüben- oder Rohrzucker) oder Oligosacchariden (drei- bis sechs Monosaccharidmoleküle) spricht. In diese Ausgangsformen, im Idealfall bis hinab zum Einfachzucker,

werden Kohlenhydrate im Organismus durch die Verdauungsfunktionen zerlegt. Auch dies geschieht wie bei Proteinen und Fetten mit Hilfe darauf spezialisierter Enzyme. Kohlenhydrate dienen vornehmlich energetischen Zwecken und zwar als Kurzzeit-Energiequellen. Überschüsse können aber zur Fettsynthese Verwendung finden und damit indirekt zu folgenschwerer Überernährung beitragen. Andererseits liefern sie Teile des Grundgerüsts der nicht essentiellen Aminosäuren.

„Rohasche", das sind die Mineralien

Die sogenannte Rohasche ist rein mineralischer Natur und sie heißt deshalb so, weil sie bei ihrer analytischen Bestimmung tatsächlich durch Hochtemperaturverbrennung von Futterproben ermittelt wird.

Nachdem man im Muffelofen zunächst das Wasser verdampft und danach jegliche organische Substanz zum Schornstein hinausgejagt hat, bleiben als Asche dieses Verbrennungsprozesses jenseits der 500° C nur alle Mineralien übrig. Je nach Bedarfsgrößenordnung im Körper unterteilt man sie in Mengen- und Spurenelemente. Letztere werden gleich noch besprochen. Von den mineralischen Mengenelementen werden auch bei Hunden wie bei anderen Wirbeltieren höhere Anteile gebraucht und der Rohasche des Futters entzogen.

Dies geht bis in den Prozentbereich hinein, während Spurenelemente nur in mg/kg oder noch weniger von Nöten sind. Calcium und Phosphor sind wichtige Mengenelemente für die Knochen- und Zahnbildung, Kalium und Natrium spielen eine Rolle im Nervengeschehen (Reizleitung). Magnesium wird im Stoffwechsel u. a. für bestimmte Enzyme und bei Nahrungsumbauvorgängen gebraucht, Chlor (in Zusammenarbeit mit Natrium) ist für den Wasserhaushalt von Bedeutung. Auch Schwefel ist als Bestandteil der Aminosäuren Methionin und Cystein unabdingbar. Auch im Mineralstoffhaushalt spielen die Verhältnisse der einzelnen Bestandteile zueinander eine wichtige Rolle.

Der Mineralhaushalt wird bei Säugetieren aus den Naturgehalten an Mengen- oder Spurenelementen der tierischen oder pflanzlichen Futterbestandteile bestritten. Selbstverständlich besteht im Rahmen der industriellen Fertigung von Futtermitteln auch die Möglichkeit, Substanzen aus dem Reich der Mineralien als eigene Zutaten beizufügen, z.B. Calciumcarbonat (Futterkalk) oder verschiedene Phosphorverbindungen.

Mineralstoffe sind Mengen- und Spurenelemente

Rohfaser

Sprechen wir hier von „unverdaulichen" Nahrungsbestandteilen? Oder mit vermenschlichter Ausdrucksweise von „Ballaststoffen"? Was steckt hinter dem rechtlich vorgeschriebenen Begriff „Rohfaser"?

Nun, im Reich der höheren Tiere sind diese Faserstoffe pflanzlicher Natur nur von Pflanzenfressern mit darauf spezialisierter Mikroflora des Verdauungstraktes voll verwertbar. Bei allen Wirbeltieren jedoch reguliert der Rohfaseranteil im Futter als sogenannter Ballaststoff die Passagezeit des Nahrungsbreies durch den Magen-Darm-Kanal. Neben dem Einfluss auf die für die Verdauung verfügbare Aufenthaltsdauer aller Futtersubstanzen im Körper sagt man der Rohfaser auch eine darmpflegende Wirkung zu. Reibungseffekte erleichtern den Abtransport verbrauchter Darmzellen. Auch dieses Kapitel der Ernährungslehre ist von der Forschung bei weitem noch nicht abschließend behandelt. Selbst bei „faunivoren" Organismen wie Katzen und Hunden gibt es nämlich im Dickdarm bakterielle Gärungen zwar relativ geringen, dafür aber umso effektiveren Umfangs. Je nach der spezifischen Zusammensetzung und der sich daraus ergebenden prinzipiellen Gärfähigkeit unterschiedlicher Rohfaserquellen in Fertigfuttern ergaben sich z.B. bei Hunden recht überraschende Ergebnisse hinsichtlich der direkten Ernährung von Darmzellen durch bakterielle aus Rohfaser erzeugte kurzkettige Fettsäuren! Ohne durch den Darm hindurch zu müssen, was ja im Dickdarm nur für wenige Substanzen (z.B. gelöste Salze und Wasser) überhaupt noch möglich ist, werden die Innendarmzellen so zusätzlich versorgt.

Was sind eigentlich Wirkstoffe und Zusatzstoffe?

Mit „Wirkstoffen" bezeichnet man Inhalte von Futter, die über die Aufgabe der Lieferung direkter Nährsubstanzen und Energie hinausgehen. Sie können von Natur aus in verwendeten Zutaten enthalten sein oder sie werden bei der Rezeptierung zugesetzt. Im letzten Fall spricht man von Zusatzstoffen. Beginnen wir mit einer lebenswichtigen Wirkstoffgruppe, den Vitaminen.

Die Produktion vollwertiger Alleinfutter oder die Herstellung wirksamer Nahrungsergänzungen wären ohne die Zugabe von Vitaminen undenkbar.

Vitamine gehören für alle höheren Organismen zu den lebenswichtigen Nährstoffen. Genau wie Mineralien (Mengenelemente in Kleinmengen) und Spurenelemente (in Kleinstmengen) ist ihr Vorhandensein neben Wasser und Ballaststoffen als dringend notwendige Ergänzung der

Hauptnährstoffe Eiweiße, Fette und Kohlenhydrate unabdingbar. Verlässt man sich nicht auf die naturgegebenen Vitamingehalte -und in der Regel kann man das in der Tierernährung nicht (s.u.)- werden Vitamine zu deklarationspflichtigen Zusatzstoffen. Denn die Fortschritte der organischen Chemie im Verbund mit immer weiter entwickelter Technologie ermöglichen heute eine wirtschaftliche Synthese aller Vitamine. Ihr „künstlicher Nachbau" ist direkt der Natur abgeschaut und es besteht keinerlei Unterschied zu den natürlichen Vorbildern.

Name und Geschichte

Schon Ende des letzten Jahrhunderts wurde in Fütterungsversuchen an Ratten und Mäusen entdeckt, dass diese Tiere mit gereinigten Diäten aus Kohlenhydraten, Eiweißen, Fetten und Mineralien nur kurze Zeit am Leben blieben. Gab man nun geringe Mengen von frischer Vollmilch zu dieser (noch unbewusst vitaminfreien) „reinen" Kost, verlängerten sich die Überlebenszeiten. Die Milch enthielt also bis dahin noch unbekannte Wirkstoffe, die dem Fortbestand des Lebens dienlich sind. Weitere Forschungen erbrachten mindestens zwei dafür in Frage kommende Substanzen, eine fettlösliche und eine wasserlösliche Komponente. Man nannte sie Faktoren A und B. Vor nunmehr etwa 90 Jahren stieß man bei dem Versuch, den Faktor B zu isolieren, auf ein sogenanntes Amin. Amine sind eine chemische Stoffgruppe, deren Vertreter als Abkömmlinge des Ammoniaks ein Stickstoff-Atom enthalten und die in vielen organischen Verbindungen vorkommen. In Verknüpfung mit „vita", lateinisch für „Leben", entstand so der Name „Vita-amin", der zwecks vereinfachter Aussprache zu „Vitamin" zusammengezogen wurde. Dieser Name ist auf eine ganze Gruppe lebensnotwendiger organischer Verbindungen übertragen worden, obwohl die nach 1912 entdeckten Vitamine nicht immer stickstoffhaltig mit Amin-Charakter sind.

Einteilung

Die Faktoren A und B wurden in anschließenden Tierexperimenten in sich genauer aufgeschlüsselt, jeder von ihnen stellte weitere Einzelsubstanzen dar. Man blieb bei der Belegung mit den Buchstaben des Alphabets und behielt zugleich die Grobeinteilung nach Folgeprodukten des fettlöslichen Faktors A und denen des wasserlöslichen B bei. Seit dieser Zeit und unter Streichung einiger „Fehlbelegungen" unterscheiden wir zwischen „fettlöslichen" Vitaminen (A, D, E, K) und „wasserlöslichen" Vitaminen (B-Gruppe und deren Abkömmlinge sowie Vit. C). Parallel zum Aufspüren der Vitamine durch Biologen und Ärzte bemühten sich die Chemiker um Strukturaufklärung und schließlich die Synthese, d.h. naturidentischen Nachbau in der Retorte.

Jedes einzelne Vitamin wird ernährungsphysiologisch gebraucht und biochemisch im Körper verwertet. In vielen frischen, unbehandelten Naturstoffen kommen meist mehrere Vitamine gleichzeitig vor. Dass die „künstliche" Vitaminierung, d.h. die Zugabe von exakt der Natur nachgebauten Vitaminen, in unseren Futtermitteln sinnvoll und wichtig ist, wurde oben gezeigt. Zwei Beispiele mögen dies noch einmal verdeutlichen: Es könnte beispielsweise ein Nagetier, das viel Gemüse und Salat zu sich nimmt, so seinen Bedarf an den fettlöslichen Vitaminen A und K, dem wasserlöslichen Vitamin C sowie an Fol- und Pantothensäure decken. Die übrigen Vitamine müssten dann aus anderen Ernährungsstoffen kommen.

Leber findet sich in der Fachliteratur als besonders ergiebige Vitaminquelle für A, D und K (fettlöslich), alle Vitamine der B-Gruppe und für Pantothensäure (wasserlöslich). Aber welchen Ziervogel oder -fisch könnte man zur Aufnahme solcher Lebermengen bringen, um bedarfsdeckend zu sein? Auch hier sind andere Vitaminträger gefragt bzw. der Sinn einer Vitaminierung von Handelsfutter aufgezeigt.

Zahlreiche Funktionen

Wichtig ist die Kenntnis von Zielort oder Wirkungsweise der Vitamine im Organismus. Hier alle bisher bekannten und teils eingehend erforschten Vitamin-Wirkungen zu nennen, würde den Rahmen dieser Abhandlung sprengen. Wesentlich ist, die bei allen Tiergruppen und daher auch bei Hunden gleichen Vitaminziele und unter ihnen die Wichtigsten zu kennen. Grundsätzlich gilt, dass fettlösliche Vitamine (A, D, E, K) und auch etwas B12 in den Körpergeweben gespeichert werden können, alle anderen wasserlöslichen dagegen nicht. Um Mangelerscheinungen vorzubeugen, müssen sie daher ständig zur Verfügung gestellt werden. Weil die Speicherung der Fettlöslichen auch einmal ein schädliches „Zuviel" bedingen kann, hat der Gesetzgeber für D-Vitamine, bei Nutztieren auch für A, eine Beschränkung der Einsatzmenge in Alleinfuttermitteln vorgenommen. Unsere Tabelle S. 32 gibt eine Übersicht zu Funktionen, die im Normalzustand eines gesunden Organismus erfüllt werden.

Doppelnamen

Vitamin-Namen

Einige Vitamine haben -abweichend von der ursprünglich geplanten, alleinigen Buchstabenkennung- schließlich doch ausgeschriebene Namen bekommen. Die Naturwissenschaftler konnten es sich nicht verkneifen, dann auch den Buchstabenkürzeln „volle" Bezeichnungen zu verleihen. Bei manchen Vitaminen sind auch international gängige Synonyme, d.h. gleichbedeutende und ebenso gültige Namen verbreitet, um die Verwirrung komplett zu machen. Da sie teils Eingang in Verpackungsbeschriftungen fanden, seien sie in der Tabelle kurz wiedergegeben. Auch wenn diese Zusatznamen zum Teil veraltet sind, werden sie manchmal herangezogen, um angeblich negativ belastete Begriffe wie ... -säure oder gar Nicotin-... zu vermeiden.

Ähnliches und Vorstufen

Dass Karotten/gelbe Rüben für die Augen gut sind, weiss man ja noch aus der Schule und jeder kennt den alten Witz, dass es schließlich keine Hasen oder Kaninchen gibt, die eine Brille tragen. Dies kommt von einem Stoff, der Beta-Carotin heißt und ein sogenanntes Provitamin ist. Provitamine sind Verbindungen, die als Vorstufe eines Vitamins vorliegen, innerhalb des Körpers zum eigentlichen Vitamin umgebaut und dann wie dieses genutzt werden.

Vitamin-Vorstufen

Neben Beta-Carotin kennt die Tierernährung zahlreiche Carotin-ähnliche Substanzen, sog. Carotinoide, die auch als Provitamine (für Vit. A) anzusehen sind. Hunde können diese Substanzen nur zum Teil korrekt umwandeln, mit der Gabe von fertig aufgebautem Vitamin A ist man auf der sicheren Seite.

Spitzenbedarf

Es steht fest, dass in allen Fällen besonderer Belastungen des Organismus ein höherer Vitaminbedarf auftritt, der durch geeignete Präparate (Ergänzungsfuttermittel) oder ausreichend vitaminierte Spezial-Alleinfuttermittel zeitlich begrenzt gedeckt werden muss. Hierzu wäre vor allem das Fortpflanzungsgeschehen zu nennen, wobei alle vorbereitenden Abläufe und die nachgeschalteten Aufzuchtaktivitäten hinzuzurechnen sind. Auch kranke Tiere und solche in der Gesundungsphase brauchen mehr Vitamine, ja schon Transport, Futter- und Haltungsumstellung oder sogar eine Impfung sorgen für kurzfristigen Mehrbedarf. Gerade unter diesen Umständen wird zudem oft weniger gefressen und so die normale Vitaminzufuhr über die Nahrung trotz Mehrbedarf gedrosselt.

Außerordentlicher Vitaminbedarf

Schall und Rauch und Nebennutzen
Leider ranken sich auch zahlreiche Gerüchte um Vitamine:
Sie sollen dick machen, Mineralstoffe ersetzen können, ja
potenzsteigernd und krebsheilend wirken, der Körper
könne ferner zwischen natürlichen und synthetischen Vitaminen unterscheiden und so weiter und so fort. Zu der-
artigen Aussagen kann nur angemerkt werden: Vergessen
Sie's!

Abschließend seien aber noch einige Bemerkungen zum
Einsatz von Vitaminen als sogenannte Hilfsstoffe gestattet.
So wird eine Verwendung von Vitamin C und E (einzeln
oder in Verbindung) als „natürlicher" Fettschutz immer
wieder diskutiert und propagiert. Vitamin C ist chemisch
betrachtet immer Ascorbinsäure. Aber bei Vitamin E sind
verschiedene chemische Strukturformeln zu unterscheiden. Die direkt ernährungswirksamen E-Typen, auch nu-

*Was Vitamine
noch können*

tritives Vitamin E genannt, liegen als Verbindungen der al-
pha-Tocopherole vor. Nur sie
werden in Futtermitteln de-
klariert, weil es hier eben um
Nahrungsaspekte geht. Dem
antioxidativen Fettschutz dienen -oft in Verbindung mit Vitamin C, welches Hunde im
Normalfall in der Leber ausreichend selbst synthetisieren- jedoch andere E-Formeln. Sie

heißen gamma-Tocopherole und können keine Vitamin-E-
Nährstoffwirkung zeigen, sinnvoll sind sie jedoch allemal.
Auf weitere wissenschaftliche Ergebnisse der Tierernährer
kann man gespannt sein, zumal auch mit ätherischen Ölen
verschiedener Pflanzen experimentiert wird, um wertvolle Futterfette vor Luftsauerstoff-Angriffen qualitätserhal-
tend zu schützen.

Unabänderliche Tatsache ist, dass alle Vitamine für eine
ausgewogene Ernährung gebraucht werden und zwar im
richtigen Maß. Besonders wichtig für unsere Heimtiere ist
die zusätzliche Verabreichung, wenn als Hauptfutter (oft
ausschließlich) unvitaminierte Grundmischungen gegeben
werden wie z.B. ein selbstgekochter Brei aus Fleisch, Ge-
treideflocken und etwas Futterkalk, derartiges sollte man
seinem bellenden Vierbeiner aber ohnehin nicht zumuten.

Übersicht Vitamine

Vitamin (Name und Synonyme)	Funktion, wichtige Wirkung/Zielort oder -system
A **Retinol**	Aufbau Sehpurpur, Schutz, Regeneration / Augen, Haut, Schleimhäute
D **Calciferol**	Calcium- und Phosphorstoffwechsel / Knochen, Niere
E **Tocopherol**	Stoffwechsel, Fruchtbarkeit, Oxidationsschutz im Körper / Muskeln, Keimdrüsen, Hormone
K **Koagulationsvit.**	Blutgerinnungssystem / Blut, Zellen
B1 **Thiamin, Aneurin**	Kohlenhydratstoffwechsel, Nervenfunktionen, Nervengewebe, Herzmuskel; Schutzfunktion im Magen-Darm-Trakt
B2 **Riboflavin**	Unterstützt Enzyme im Eiweiß- und Fettstoffwechsel
B6 **Pyridoxin, Adermin**	Verdauungshilfe bei vielen Abbauvorgängen / Darm
B12 **Cobalamin**	Blutbildung, Wachstum, Anämieverhinderung
Biotin **Vitamin H**	Kohlenhydrat- und Fettsäurensynthese
Folsäure **Vitamin BC**	Zellteilung und -erneuerung, Antikörperbildung/Blut und Lymphsystem
Nicotinsäure Niacin, Vitamin B5, PP	Enzyme des Energieumsatzes, Schutz und Funktionserhalt Haut, Verdauung, Herz, Nerven
Pantothensäure Vitamin B 3	Nährstoffabbau, Enzymunterstützung, Pigmentierung, Verdauungskanal, Haut, Schleimhaut, Haare
Vitamin C, Ascorbinsäure	Eisenaufnahme aus Nahrung, Hormonbeeinflussung, Abwehrkraft-Steigerung / Zellen, Bindegewebe, Knochen

Damit der Organismus spurt: Spurenelemente
Hier werden Wirkstoffe behandelt, die von der Definition
her zur Gruppe der Mineralstoffe gehören und die auf der
Verpackung zu deklarieren sind. Es sind sogenannte anor-
ganische Materialien (um sie von den organischen Stoffgruppen Eiweiße, Fette und Kohlenhydrate abzugrenzen),
die für die Tierernährung geeignet sind. Als Untergruppe
der Mineralien werden sie über den Naturgehalt der Rohstoffe hinaus häufig dem Fertigfutter beigegeben. Dies
macht natürlich Sinn, denn für eine optimale Verdauung
und den Einbau in viele Organ- und Flüssigkeitssysteme
sind sie absolut notwendig: Spurenelemente sind echte
Wirkstoffe im Organismus.

Genau die in der Überschrift angeklungene Wirkung haben Spurenelemente, nämlich Stoffwechsel und Körperfunktionen in geregelter und biologisch sinnvoller Spur zu
halten. Aber nicht deshalb heißen sie so, sondern weil ein
Gehalt in der Nahrung zwar unbedingt erforderlich ist,
dazu aber ihr Vorhandensein „in Spuren", also kleinen, ja
geringsten Mengen völlig ausreicht.

*Spurenelemente sind
Wirkstoffe*

Damit sind Spurenelemente von den ebenfalls den Mineralien zugerechneten „Mengenelementen" wie z.B. Calcium, Phosphor, Natrium, Magnesium und Kalium eindeutig
abgegrenzt. Die sind natürlich auch wichtig, aber eben keine Zusatzstoffe, da sie über die groben Einzelbestandteile
der Formulierungen von Futter eingebracht werden können. Und dies führt zu „Mengen" von Gramm pro Kilogramm bis hin zum Prozentbereich .

Mini-Gehalte
Die Einheit der Spurenelemente in einem Fertigfutter ist
jedoch das Milligramm je kg. Derartig kleine Anteile von
Spurenelementen -1 mg/kg entspricht einem Teil Wirkstoff
auf eine Million Teile der Grundsubstanz, hier also des um-
gebenden Futters- entscheiden über ganze Funktionskrei-
se eines Lebewesens. Die genannten Gehaltsbereiche an
Mengen- und Spurenelementen in Futtermitteln spiegeln
gleichzeitig die Konzentrationswerte dieser Stoffe im Organismus wieder.

*Geringste Konzentrationen
bewirken Großes*

Um sich die Maßeinheit „mg/kg" zu vergegenwärtigen, sei
ein eindrucksvolles Beispiel aus der Fachliteratur zitiert:
1 mg/kg entspricht der Mengenrelation von einem Rog-
genkorn in einem Sack mit 50 kg Weizenkörnern! Ein Zent-
ner Weizen besteht aus etwa 1 Million Körnern. Wehe
aber, wenn diese Kleinstmengen an Spurenelementen fehlen! Dann sind Mangelerscheinungen bis hin zu schwer-
sten Funktionsstörungen geradezu vorprogrammiert.

Imitation der Vielfalt

Aus technischen Gründen oder weil naturgemäße Futterstoffe einfach nicht alle verfügbar/lagerbar sind, ist der Hersteller in irgendeiner Form bei der Rezepturgestaltung stets eingeschränkt. Gerade darum ist er eigentlich verpflichtet, die natürlichen Spurenelementgehalte seiner erwählten Einzelfuttermittel und damit der Rohstoffe zu kennen und bei der Produktentwicklung zu berücksichtigen. Zur gewünschten Imitation der art- und naturgemäßen Vollwertnahrung ist die analytische Bestimmung der Spurenelemente ideal, genau das tut Josera. Nicht jeder Hersteller verfügt über derart gut ausgestattete Laboreinrichtungen und Ausstattungen für echte Qualitätssicherung zum Wohl der versorgten Tiere. Denn fehlen oder unkontrolliert bleiben sollte kein einziges Spurenelement.

Viel hilft viel?

Ein Mangel an Spurenelementen bedingt Schäden oder gar schwere Erkrankungen. Desgleichen gilt aber auch für ein Übermaß an diesen Substanzen. Wie schon der Naturstoff-Forscher Paracelsus von Hohenheim im 17. Jahrhundert erkannte , bestimmt allein die Dosis eines Stoffes im Zielorganismus darüber, ob eine Giftwirkung gegeben sein kann. Und einige Spurenelemente sind immerhin Schwermetalle, die ja doch im Zusammenhang mit schädlichen Anreicherungen und Ablagerungen in der Umwelt in Verruf gerieten. Ein Zuviel führt zunächst zur Speicherung, meist in Leber (Entgiftungsorgan!) oder Niere (Versuch der Ausscheidung). Schäden entstehen bei Überforderung der Speicherkapazität entweder direkt in den betroffenen Organen oder beim Kreisen durch die Blutbahn im gesamten, komplizierten Räderwerk des Stoffwechsels. Aber bitte keine Panik, vor einen möglichen Mißbrauch hat der Gesetzgeber auch bei Spurenelementen das Instrument der Zulassung und teils der Mengenbegrenzung gesetzt. Nur bewährte und ausgetestete Verbindungen dürfen zum Einsatz kommen, eventuelle neue Zusatzstoffe müssen Wirkung und Unbedenklichkeit zugleich nachweisen, bevor die Futtermittelbehörden ihr okay geben. Wegen der EU-Vereinheitlichung führt dann kein Weg an Brüssel vorbei.

Kontrolle und Kennzeichnung

Gemeinsam mit bestimmten färbenden Materialien (immer noch auch in manchen Hundefuttern zu finden), krankheitsverhütenden Stoffen und den Vitaminen gehören Spurenelemente zu den Zusatzstoffen der Tierernährung, die nur kontrolliert und beschränkt abgege-

ben werden. Die Herstellung von Vormischungen daraus, also Zusatz-Mixen gebunden an Trägersubstanzen, die dem Futter beizugeben sind, obliegt nur speziellen Einrichtungen.
Eine Zugabe bedeutet in jedem Fall: Die Angabe auf der Verpackung ist erforderlich!

Kleine Mengen, große Wirkungen

Vereinfacht dargestellt, haben Spurenelemente -mit geringen Abweichungen und Zusatzfunktionen bei den einzelnen Tiergruppen- prinzipiell ähnliche Wirkungen bei allen Wirbeltieren und damit auch bei den Säugetieren Katze und Hund. Als Beispiele seien zuerst Eisen (Fe) als Bestandteil des roten Blutfarbstoffs und Kobalt (Co) als Vitamin B12-Baustein genannt. Jod (J) findet sich in allen Schilddrüsen, Zink (Zn) und Mangan (Mn) werden in diversen Enzymen (Fermente, Verdauungshelfer) gebraucht. Kupfer (Cu) ist ebenfalls an der Blutbildung beteiligt und spielt eine wichtige Rolle bei der Pigmentierung des Fells sowie in den Bindegeweben. Auch Selen (Se) und Molybdän (Mo) haben als beimischbare Zusatzstoffe für Zellwachstum und -regulation ihre Berechtigung oder sie stammen -dann nicht deklariert- aus den Rohstoffen.

Einzelwirkungen der Spurenelemente

Darüber hinaus gibt es noch eine Reihe von chemischen Elementen, deren Lebensnotwendigkeit als Spurenelemente erst in den letzten Jahren erkannt worden ist. Einstweilen bedarf es zu deren ausreichender Zufuhr keiner „künstlichen" Zugabe über angereicherte Vormischungen, da sie in den Rohstoffen und Zutaten natürlicherweise vorkommen.

Frau Dr. Gastmann:
In den hochwertigen Josera-Emotion-Produkten wurde sortenspezifisch eine besonders effektive Wirkstoffkombination als Sicherheitssystem eingebracht. Wir nennen sie LIFE PROTECT. Ziel ist die summarische Optimierung von Vitalität, Knochenbau sowie Haut und Fell. Dazu kombinieren wir das Natur-Prebiotikum Inulin, ein besonderes Kohlenhydrat als Nahrung für die Darmflora des Hundes, mit vitalisierender Hefe, Vitamin E und den Spurenelementen Selen und Zink. Das bringt eine Stärkung des Immunsystems, damit Ihr Hund fit und vital bleibt. Für die Knochen bietet LIFE PROTECT neben einem idealen Calcium-/Phosphor-Verhältnis genug Kupfer sowie Muschelpulver mit den Wirksubstanzen Chondroitin und Glucosamin-Verbindungen. Knorpelaktivität und Gelenksfunktion werden so

Allgemeine Futtermittelkunde

Die Tierernährungslehre bemüht sich, den Bedarf für einzelne Arten aufgrund aller nur irgendwie erhältlicher Informationen zu Nähr- und Wirkstoffen sowie ihren Funktionen einzuschätzen oder gar festzulegen. Die Futtermittelkunde als Teilwissenschaft erklärt dazu, wie - d.h. mit welchen Rohstoffen und ihren Mischungen oder anderen Verarbeitungsstufen - dieses Ziel erreicht werden kann. Grundlagen dazu liefert zunächst die allgemeine Futtermittelkunde, während den Futterarten (tierisch und pflanzlich) und Fütterungsmethoden weiter hinten jeweils eigene Kapitel zugeordnet sind. Einige Begriffe des Futtermittelrechts und manch weitere Definition sind vorab unabdingbar, zumal sie in Informationsunterlagen oder Verpackungsbeschriftungen Eingang finden. „Inhaltsstoffe" sind die Zusammenfassung der Angaben (prozentual) zu den Rohnährstoffen Rohprotein, Rohfett, Rohfaser, Rohasche und dem Wassergehalt. Ihre Angabe ist bei Mischfutter für Hunde und Katzen vorgeschrieben. Gleiches gilt für die „Zusammensetzung", wo Rohstoffe einzeln oder doch in Warengruppen in absteigender Reihenfolge ihrer Verwendungsmenge nach zu nennen sind. Jegliche futtermittelrechtlich vorgesehene Beschriftung beim „in Verkehr bringen" eines Produktes nennt man „Deklaration" desselben und die Deklarationspflicht ist wie schon betont exakt geregelt . Aus umgangssprachlichen Gründen sei noch ein Begriff der Futtermittelkunde genauer beleuchtet: „Mischfuttermittel" sind Zusammenstellungen aus Einzelfuttermitteln ggf. unter Verwendung von Zusatzstoffen. Es können einfache Mischungen von Rohstoffen oder Halbfabrikate genauso sein wie technisch aufwändig produzierte und manchmal kompliziert formulierte, zu Partikeln unterschiedlicher Art geformte Futtermittelmischungen. Letztere können zwar einheitlich aussehen (Pellets, Extrudate, Granulate, einfarbige Flocken), sie sind aber meistens Mischfuttermittel. Eine weitere rechtliche Unterteilung dieser Futtergruppe erfolgt in Allein- und Ergän-

Inhaltsstoffe und Zusammensetzung

zungsfuttermittel. Die Alleinfuttermittel sollten rechtstheoretisch in der Tat den Bedarf der in der Deklaration zu nennenden Tierzielgruppe vollauf und ohne jede weitere Ernährungserfordernis decken. Weitere Hinweise auf die Erfüllung dieser Vorgaben gibt die Anwendungsempfehlung, welche die Futterzielgruppe genauer definiert. Denn was für einen zu dicken Hund -womöglich nur auf Zeit- ein Alleinfutter sein kann, würde bei einem heranwachsenden Junghund schwere Ernährungsschäden verursachen. Ergänzungsfuttermittel heißen so, weil sie entweder einer Ergänzung bedürfen oder der Ergänzung des Nähr- und Wirkstoffspektrums dienen. Auch alle Leckerli und Snacks fallen darunter, weil man mit ihnen den Tagesrationsplan seines Hundes ergänzt.

Frau Dr. Gastmann rät:
Verantwortungsvolle Hundebesitzer als kritische Kunden sollten Angaben auf der Verpackung von Fertigfutter kennen. Wir fordern ausdrücklich zum Lesen des sogenannten „Kleingedruckten" auf, denn Josera hat da nichts zu verbergen. Kleingedruckt ist es lediglich aus Platzgründen. Kennt man die futtermittelrechtlichen Begriffe und die Fachausdrücke der Tierernährung, weiß man mit den Inhaltsstoffen und ihren Aufgaben umzugehen und macht sich die Auswirkungen für die Ernährungspraxis bewusst. Nun kann man für seinen Hund das richtige Futter gezielt auswählen.

4. Spezielle Futtermittelkunde
von und mit Josera

Nachteile der Nassfütterung
Eine häufig gestellte grundsätzliche Frage von Hundebesitzern lautet:
Warum soll ich kein Nassfutter/Feuchtfutter sondern Trockenfutter füttern? Das Preis-/ Leistungsverhältnis bei Trockenfutter ist zunächst einmal deutlich besser. Die Energiedichte ist höher und niemand transportiert gern guten Gewissens Wasser (oft verlegen „Feuchtigkeit" genannt) durch die Gegend. Dosen und Schalen sind oft unpraktisch als Anbruchsgebinde und belasten zudem die Umwelt stärker als Verpackungsmittel für Trockenfutter. Auch sind echte Konserven langzeit-hocherhitzt (Druck-Sterilisation), was den „Frische-Aspekt" mindestens genauso herabsetzt wie die Kurzzeiterhitzung und Trocknung.
Feuchtfutter mit ca. 18 - 33 % Wassergehalt fühlen sich zwar „toll softig" an, benötigen jedoch die Zugabe syn-

thetischer Konservierungsstoffe und Feuchthaltesubstanzen zum Qualitätserhalt. Weder Nass- noch Feuchtfutter tragen zur Zahnsteinvermeidung bei. Mit Josera-Emotion hat man bei einer beliebten Sorte die Möglichkeit, Wasser frisch kurz vor dem Verzehr zuzufügen und Menge sowie Quellzeit ganz nach Wunsch und Geschmack des Vierbeiners individuell zu regulieren. Ohne oder mit viel oder wenig Sauce, alles zwischen trocken-knackig und „suppig mit Einlage" ist möglich!

Nachteile der Selbstzubereitung
Besonders gut meinende und individuelle Zeitgenossen fragen auch: kann man Nahrung für den Hund selbst zubereiten? Denn es gibt in unserer modernen, technisierten Zeit tatsächlich noch einige Tierbesitzer, die behaupten, man könne „vernünftige" Hundenahrung selbst zubereiten. Und: Diese Leute haben recht! Doch sei vor Abgabe eines endgültigen Urteils zu der Frage „soll man oder soll man nicht?" vorab gleich soviel verraten: Zur Selbstbereitung kompletten und ausgewogenen Tierfutters gilt: Im Prinzip ja, aber.... Und genau dieses wichtige „aber" sei im folgenden etwas genauer betrachtet:

Jeder, der für seine Vierbeiner das Experiment, ja fast schon Wagnis, eingehen will, sich mit korrekter Verpflegung selbst zu befassen, muß sich darüber im Klaren sein, dass er einiges Handwerkszeug dazu braucht. Die Rede ist damit nicht von Töpfen, Kochlöffeln oder ähnlichem Geschirr (wird natürlich nebst Messer etc. ganz klar auch benötigt), nein, gemeint sind das „Know how" und die Möglichkeit, vernünftig und schnell zu rechnen.

Vorab gilt es -trotz durchaus vorhandenem gesunden Hang zu Beweisbarkeiten und korrekt nachvollziehbaren Belegen- die exakten Naturwissenschaften zunächst noch einmal zu verlassen: Es sei nämlich ein Phänomen betrachtet, das existent ist, für das sich aber zweifelsohne keinerlei echte Beweise und schon gar keine wissenschaftlichen Begründungen finden lassen. Auch wir wollen es nicht leugnen: Es gibt in der Tat Menschen, denen gibt man ein Teil der belebten Natur in Obhut und sie schaffen es stets, in eigener Regie und mit minimaler Hilfe „von außen", diese(s) Lebewesen wirklich einwandfrei zu versorgen. Im Zierpflanzenbereich sind das die instinktiv sicheren Zimmergärtner, bei denen aber auch jede, als noch so empfindlich geltende Topfpflanze nicht nur überlebt, sondern optimal gedeiht, blüht und wächst. Landläufig nennt man sie „Leute mit dem grünen Daumen". Diese beneidenswerten Typen sind jedoch äußerst selten!

Aus ganz vereinzelten Positivberichten weiß man, dass es derartiges auch für die Heimtierernährung gibt, aber wir behaupten hier (und die Statistiken niedergelassener Kleintierveterinäre geben uns recht), dass „intuitive Futter-Selbstbereiter" mit wirklichen nachhaltigen Erfolgen, sprich optimal ernährten, gesunden Tieren mit normaler Lebensdauer, noch seltener sind als die recht raren „Grüne-Daumen-Leute" des pflanzlichen Sektors . Bei „heiklen Fressern", wie es manche Hunde nun einmal relativ zu vielen anderen Hausgenossen des Menschen sind, muß dieser Personenkreis als verschwindend gering bezeichnet werden!

Als verantwortungsvoller Tierernährungsberater weist man es weit von sich , eine Rezeptur für Hundefutter oder gar ganze Ernährungspläne „frei nach Schnauze" nach dem Vielfaltsprinzip gestalten zu wollen. Das würde heißen, möglichst verschiedene Nahrungskomponenten und Rohstoffe verschiedensten Ursprungs recht vielseitig und abwechslungsreich zu kombinieren. Aber Hunde sind nun einmal keine Alles- oder Gemischtfresser! Die wahre Kunst liegt vielmehr darin, mit möglichst wenig Zutaten und Sorten dennoch möglichst optimales zu erreichen, das bringt zudem ein höheres Maß an Sicherheit. Und auch hier hat Josera die Natur zum Vorbild erwählt, denn für ursprüngliche Beutegreifer wären Fehler in der Ernährung durch „wilde Vielfaltsmischung" sicher vorprogrammiert. Demnach wäre allenfalls hilfreich, gesicherten und ernährungsphysiologisch tauglichen Kochrezepten für tierische Hausmannskost genau zu folgen, aber: die gibt es praktisch nicht. Jedenfalls erfüllt nichts von dem, was man an fix und fertigen Vorgaben für selbstkochende Hundebesitzer findet, die Ansprüche an die Bezeichnung „komplett und ausgewogen".

Daher bliebe nur das viel zitierte Rechnen übrig, denn brauchbare Tabellen mit Angaben zur Zusammensetzung geeigneter Rohstoffe gibt es. Nun könnte es ans Komponieren des Futterplans gehen, wenn nicht noch folgende Hindernisse zu bewältigen wären:

Nicht immer ist jeder ausgedachte und aus den besagten Tabellenwerten getreu dem Motto „das könnte meinem Bello schmecken" herausgesuchte Rezepturbestandteil erhältlich. Und bei aller Genauigkeit der Spalten und Zeilen, die man gutmeinend wälzte, bleibt eine Ungewissheit. Jeder Tabellenwert ist nur so gut wie die Anzahl der Analysen, aus denen er erstellt wurde. Eigentlich bedürfte es des Aus-

Kochrezepte für Hunde sind umstritten

baus der Küche zum Labor, um Qualitätskontrollen permanent und zuverlässig durchführen und die naturgegebenen Abweichungen von Tabellenwerten korrekt ausgleichen zu können.

Ein ganz grundsätzliches Problem sei auch nicht verschwiegen. Allen prinzipiell für „Tierfresser" geeigneten Futtergrundstoffen haftet zumindest ein Makel aus der folgenden Liste an:
Der Rohstoff ist zu arm an Calcium. Es ist als negativ zu wertendes Kriterium zu viel Phosphor enthalten. Die Rohware weist Vitamin-A-Armut auf.
Die Konsequenz: Rein rechnerisch geht allein mit Grundbestandteilen ohne Entgleisung der vorgegebenen Nährstoffgehalte absolut nichts mehr. Es müssen Hilfsmittel her, meist Pülverchen und Tröpfchen aus offiziellen Ergänzungsfutterquellen. Jeder „Tier-Küchenchef" hält ein Sammelsurium dieser Mittelchen gewissermaßen als Gewürze für seine sonst allzu mangelhaften Kreationen bereit und mancher ist auf seinen „Giftschrank" auch noch stolz. Ob er damit umgehen kann und darf, steht hier nicht zur Debatte. Wichtig ist die Feststellung, dass leider nur allzu oft die alte Bauernregel „viel hilft viel" zur Anwendung kommt. Die Ausgewogenheit bleibt dabei aber auf der Strecke.

Tiermenüs müssen aber nun einmal alle Nähr- und Wirkstoffe für eine tierschutzrechtlich im Übrigen vorgeschriebene artgemäße Ernährung enthalten. Der Punkt, an dem Köpfe und Taschenrechner in der Regel scheitern, ist erreicht: Nähr- und Wirkstoffe müssen gleichzeitig zu ihrer korrekten Menge auch in einem bestimmten Verhältnis zueinander stehen. Dies wird von allen Selbstversorgern unter den Hunde- und Katzenernährern meist vergessen! Als Beispiele, ohne die Thematik hier vertiefen zu können, seien nur das Eiweiß- (Protein-) / Energie-Verhältnis oder -aus dem Reich der Mineralstoffe- das Calcium-/Phosphor-Verhältnis genannt. Dass dabei auch innerhalb der potentiellen Energielieferanten auf richtige Anteile der aus Fetten stammenden und der von voraufgeschlossenen Kohlenhydraten herrührenden Joule- oder Kalorienbringer zu achten ist, sei nur am Rande erwähnt.

Unser Resümee steht fest: Do it yourself bei Hundefutter? Nein danke! Letzte Gründe „pro" guter und sehr guter Fertignahrung sind die Lagerung und der Zeitfaktor. Selbstgebasteltes Futter muss immer frisch zubereitet werden oder es sind doch nur (geringe) Kühl- oder (etwas größere) Frost-Vorratsmengen unter Haushaltsbedingungen zu fertigen. Die einen nennen die Scheu vor diesem Aufwand eine menschliche Bequemlichkeit, bei uns heißt dies Zeitmangel. Beschaffung, Zubereiten und Zuteilen sind teuer. Fertigprodukte schneiden da echt günstiger ab. Dies zeigt ein Blick auf den Preis der realen Fütterungskosten pro Tier und Tag. Selbst wer seine Arbeitszeit nur mit einer Art „Hilfskraft-Entlohnung" rechnerisch in Ansatz bringt, wird niemals kostengünstiger als trockenes Fertigfutter selbst „produzieren" können.

Trockenfutter aus industrieller Fertigung

Damit sind wir bei der Betrachtung industriell gefertigter Hundefuttermittel. Denn auch wir als Futtermittelhersteller sind z.B. mit den natürlich bedingten Inhaltsstoff-Schwankungen ihrer Rohwaren konfrontiert. Völlig richtig! Nur: Verantwortungsvolle Produzenten verfügen über ein ausgeklügeltes System eines ineinandergreifenden Räderwerkes aus Wareneingangskontrollen mittels moderner Analysentechnik, Vertragslieferanten mit kontrollierten Produktionsbedingungen und der Möglichkeit, unvermeidliche Schwankungen durch sorgfältige Lagerung und Verschneiden der Chargen sinn- und wirkungsvoll auszugleichen. Umgang und Einsatz von Vitaminen, Spurenelementen und hochwertigen Einzelkomponenten geschehen unter behördlicher Zulassung und Überwachung durch einen entsprechend ausgebildeten Mitarbeiterstab. Ganze Reihen möglicher Fehlerquellen, die eine Privatperson niemals wird vollständig ausschließen können, sind hier bei Josera von vornherein gar nicht erst gegeben. Die zweifelsohne dann doch noch vorhandenen Qualitätsdifferenzen zwischen verschiedenen Fertigerzeugnissen muss man selbst herausfinden und „am Tier" nachvollziehen. Sie ergeben sich aus dem Maß, in dem die oben genannten Möglichkeiten der industriellen Fertigung tatsächlich ausgeschöpft werden, denn leider ist auch unter Tiernahrungsproduzenten nicht alles Gold, was glänzt. Seien Sie in jedem Fall kritisch, wenn ein Produkt sich mit dem höchst verallgemeinernden Attribut „frei von chemischen Zusätzen" schmückt und dennoch behauptet, ein vollwertiges Alleinfuttermittel zu sein. Vitaminierung und Spurenelement-Zusatz allein auf der Basis von Einzelfuttermitteln bei gleichzeitiger Hitzekonservierung optimal und standardisiert machen zu wollen, legt zumindest die Vermutung nah, dass hier zwar professionelle, aber doch experimentierfreudige „Hundeköche gemäß obiger Schilderung" am Werk sind. Denn was sind die glücklicherweise verfügbaren und wirklich segensreichen Vitaminvormischungen und Mineralsstoffmixe denn anderes, als zwar positive aber eindeutig chemische Zusatzstoffe. Allerdings gehören sie in die Hände wirklicher Experten und jeder Betrieb braucht für ihren Einsatz eine futtermittelrechtliche Genehmigung.

ROHSTOFFE UND ZUTATEN

Tierische Bestandteile

In der Natur und bei der Wildart Wolf als Stammform unseres Haustieres Hund kann man ein sehr breites Spektrum an möglichen Beutetieren bis hin zum Aas beobachten. Trotz dieser Vielfalt von Mäusen und anderen Kleinnagern über Kaninchen und Vögel bis hin zu vom Wolfsrudel erbeuteten größeren Säugern oder auch mal einem exotischen Amphibien- oder Reptilien-Menü stellt man bei der Analyse auf Inhaltsstoffe eine sehr große Ähnlichkeit aller tierischen Bestandteile fest. Naturgegeben ist daher die Komposition der Nährstoffe in Hunde- bzw. Wolfsbeute ein Hinweis auf relativ „einseitige" Ernährung. Dies hat sich der Mensch zunutze gemacht, in dem er die verschiedensten Gewebe unterschiedlichster Schlachttiere seines eigenen „Beuteschemas" und getreu seiner Verzehrsgewohnheiten auch bei Hunden zum Einsatz bringt. Die prinzipielle Eignung ergibt sich aus den auch in Tieren enthaltenen Nähr- und Wirkstoffen, an die der Wolf sowie sein domestizierter Nachfolger sonst nie auf normalem Jagdweg herankommen würden. Aber Rindfleisch und Seefisch, die draußen wohl kaum zu erbeuten wären, eignen sich in entsprechenden Mischungen und wegen der angesprochenen, prinzipiell ähnlichen Rohnährstoffzusammensetzung sehr wohl zur Verwendung in Hundefutterrezepturen. Unter „tierischen Nebenerzeugnissen" bzw. „Fisch-Nebenerzeugnissen" versteht man bei der Zerlegung anfallende Teile, Abschnitte und vom Menschen wenig bis nicht gemochte Gewebeteile aus tauglich gekennzeichneten Schlachttieren bzw. von für den menschlichen Verzehr gefangenen oder gezüchteten Fischen. Das in Tierkörperbeseitigungsanstalten gewonnene Tiermehl aus toten Nicht-Schlachttieren und aus krank getöteten oder verunfallten Nutztieren der verschiedensten Arten kommt wegen der schwankenden und kaum kalkulierbaren Qualität so gut wie nicht mehr zum Einsatz. Jedenfalls nicht bei Josera. Dies war hier schon lange vor der BSE-Krise der Fall, so dass die seit dem bestehenden Restriktionen der Tiermehlverfütterung an Nutztiere uns nicht und die übrige Heimtierfutterbranche wohl kaum betrafen. Allerdings gibt es auch bei den o.g. Nebenerzeugnissen teils erhebliche Qualitätsunterschiede, worüber die Rohnährstoffanalyse keinen Aufschluss gibt. Bindegewebe enthält z.B. viel Kollagen, ein biologisch minderwertiges Protein. Kollagenarmes Fleisch ist daher zu bevorzugen. Ergänzend zum Rohprotein beachtet man daher vor der Verwendung in der Qualitätsprüfung das Aminosäurenmuster, statt nur Rohfett zu analysieren ist die Komposition der Fettsäuren weit aufschlussreicher.

Pflanzliche Bestandteile
Die Katze als strikter Faunivore („Carnivore") nimmt
pflanzliche Bestandteile in der Natur nur indirekt und über
den Verdauungstrakt ihrer Beutetiere auf. Das Fressen von
Gras dient lediglich der Reinigung des Magens (gemeinsa-
mes Hervorwürgen zusammen mit bei der Fellpflege ver-
schluckten Haaren) oder des Darmes durch beschleunigtes
Herausbefördern der lästigen Haarballen (sogenannte Be-
zoare). Mit Ernährung hat dies nichts zu tun, da das zer-
bissene Gras komplett unverdaut wieder erscheint.

Etwas anders ist dies bei Wolf/Hund: auch hier wird Gras
zur Magen-Darmpflege gefressen, bei Untersuchungen
des Kotes werden jedoch gewisse Abbauvorgänge regi-
striert. Der Verdauungskanal von Wolf/Hund ist in einge-
schränktem Maße, aber doch etwas mehr als der der Katze in der Lage, pflanzliche Bestandteile der Nahrung zumindest teilweise zu verwerten. Auch im natürlichen
Nahrungsspektrum des Wolfes schlägt sich dies nieder:
auch ohne Not und somit freiwillig und zusätzlich nimmt
die Hundeverwandtschaft auch mal einen pflanzlichen
Happen zusätzlich. Quasi als Dessert werden in freier Natur durchaus Beeren, Pilze, Wurzeln und sogar Kräuter ab
und zu in Ergänzung der tierischen Beute aufgenommen.
In der freien Natur findet man als Haupt-Reservestoff der
Pflanzen die Stärke, so z.B. konzentriert in den Körnern
von Gräsern und Getreiden. Stärke ist für Hunde (und erst
Recht für Katzen) nur in aufgeschlossenem Zustand teil-
verfügbar. Diesen Aufschluss würde draußen der Verdauungstrakt der Beute übernehmen, da Nager und Vögel
oder auch größeres Wild die Stärke gut vorverdauen. Bei
industrieller Fertigung muss diesem Prozess die Futtertechnik durch Verarbeitung unter Druck und bei hohen
Temperaturen (Kochung) übernehmen. Dagegen sind die
Fettstoffe (Lipide) als Speichersubstanz der sogenannten
Ölfrüchte für Hunde und Katzen dann verwertbar, wenn
sie nicht mehr von einer harten Samenschale umgeben
sind.

Obst und Gemüse werden ebenfalls durch Hitzebehand-
lung und Zerkleinerung den Verdauungsenzymen des
Hundes teilweise zugänglich gemacht, zum Teil dienen sie
als Rohfaserquelle und sind der Darmflora verfügbar.

Von der Zusammensetzungsliste zur Rezeptur
Es sind zwar weit mehr Katzen als Hunde, die mit soge-
nanntem Fertigfutter ernährt werden, das aus geregelter
Produktion verantwortungsvoller Hersteller stammt. Aber

*Pflanzen-Zutaten
im Hundefutter*

Die Zutaten-Komposition

aus ernährungsphysiologischer Sicht sind es noch viel zu wenige. Hierzu mit einigen noch verbreiteten Vorurteilen aufzuräumen ist das Ziel der folgenden Abschnitte.

Gehen wir noch einmal kurz in der Geschichte der Lebewesen dieser Erde um über 30 Millionen Jahre zurück: Dort stoßen wir auf die sog. Miacidae, die Familie der Urraubtiere. Aus der Gattung Miacis haben sich im Laufe der Entwicklungsgeschichte der Organismen alle noch heute vorhandenen Raubtiergruppen abgespalten. So auch (über den Wolf) der Hund in seiner ganzen Rassevielfalt. Für die Ernährungswissenschaft ist dies deshalb so wichtig, da der Mensch zwar alles mögliche zu variieren und züchterisch zu beeinflussen wusste, nicht jedoch den prinzipiellen Bau und die Funktionen des Verdauungstraktes. Daher orientieren sich die Produktentwickler und Rationsberechner völlig korrekterweise am Wolf und seinem Ernährungsschema.

Umsetzung von ernährungswissenschaftlichem Know how mittels qualitativ hochwertiger Rohstoffe, vornehmlich fleischlicher oder fischiger Zutaten in optimaler Rezeptur unter Mitberücksichtigung wirklich aller erforderlicher Nähr- und Wirkstoffe in echt komplette und ausgewogene Hundefertigkost ist ein hohes Ziel.

Abgesehen davon sind alle prinzipiell geeigneten Rohstoffe für die Hundefütterung wie schon einmal erwähnt zu arm an Calcium und/oder zu reich an Phosphor und/oder sie haben einen zu geringen Vitamingehalt, meist bezüglich Vit.A. Hundeselbstverpfleger versuchen dies mit diversen Pülverchen, Wässerchen, Tabletten und Tröpfchen mehr schlecht als recht auszugleichen.

Verantwortungsvolle Produzenten aber haben Rohstoffeingangs- und Produktkontrollen. Sie können labor- und technologiebedingt immer auftretende biologische Schwankungen jeglicher Naturmaterialien ausgleichen. Ferner sorgt man dort für immer gleiche, genau definierte Vitamin- und Spurenelementzugabe. Im Idealfall erübrigt dies jedes Selbstexperiment mit dubiosen Zugaben. Nur so bedarfsgerecht und vollständig hergestellte Produkte verdienen den Namen „Alleinfuttermittel" zu Recht. Solange diesbezüglich keine inhaltlichen Kontrollen und rechtliche Vorschriften in Deutschland oder der EU bestehen, kann man sich als Käufer von industriell gefertigter Tiernahrung aber nicht allein auf diesen zuweilen missbrauchten Begriff verlassen.

Es lohnt sich allemal, das Kleingedruckte zu lesen oder Informationsmaterial anzufordern und genau zu studieren.

TECHNISCHE EINBLICKE ZUR KOCH-EXTRUSION:
dem Futterproduzenten über die Schulter geschaut

Werfen wir einen Blick auf die Herstellung von Hunde-Trockenfutter. Wenn ein Fertigprodukt so beschaffen ist, dass Partikel für Partikel gleich aussieht, gibt es prinzipiell zwei technische Möglichkeiten

■ Pelletieren zur Produktion von Pellets/Presslingen

■ und Extrudieren zur Erzeugung von Extrudaten/ Kroketten…

Beide Technologien gehen von zerkleinerten Rohstoffen aus, die Zutaten sind gemahlen oder geschrotet. Ob Pellet oder Extrudat, in beiden Futterstücken ist trotz des einheitlichen Aussehens die jeweils vorgesehene Rezeptur komplett gemischt enthalten. Sowohl Presslinge als auch Kroketten entstehen unter Druck. Und hier enden die Gemeinsamkeiten. Betrachten wir die Unterschiede vor allem im Hinblick auf Konsequenzen für das fertige Hundefutter. Futtermitteltechnologische Details und Prozessparameter sind in der folgenden Tabelle zusammengefasst.

Hundefutter und Fertigungstechnologie

Produktionstechnische Unterschiede zwischen Pellets und Extrudaten

Prozessparameter bzw. Folgen:	Pellet:	Extrudat:
Druck	kurzzeitig hoch	sehr hoch (bis 140 atü) und teils recht langanhaltend
Scherkräfte	kaum	sehr stark
Feuchtigkeitszugabe	kein oder kaum Wasser erforderlich	viel Wasser oder Dampf erforderlich
Temperatur	in der Matrize sehr kurz max. 80°C, nur durch Reibung	auf längerem Prozessweg über 80°C, Kurzzeit-Hocherhitzung auf über 100°C nötig
mechanische Belastung	nur Druck	vielfältig, zusätzlich schlagartige Entspannung
Fettzugabe	über Zutaten oder ölige Konditionierung meist ausreichend	oft nur durch sekundäres Auffetten erzielbar
Vitaminierung	ohne Einschränkung einfach	temperatur- und feuchtigkeitsempfindliche Vitamine nur durch gezielte Einzel-Überdosierung direkt beizumischen oder nach der Formung sekundär aufzubringen mit der Gefahr, vorm Fressen „weggeschält" oder „abgelutscht" zu werden.
Form	nur wenig Auswahl	Vielfalt möglich
Presshilfen	oft notwendig	nicht erforderlich, Stärke bewirkt Zusammenhalt

Stets wird u.a. auch Getreide verwendet. Der Hauptbestandteil von Getreidemehl ist Stärke, eine pflanzliche Energiespeichersubstanz aus fest miteinander verbundenen und dreidimensional verketteten Traubenzuckermolelülen. Beim Pelletieren als reinem Verdichtungsvorgang ohne externe Wärmezufuhr bleibt die Stärke praktisch in ihrem natürlichen Zustand, je nach Verfahren ist ein Aufschlussgrad von bis zu 30 % möglich. Unaufgeschlossene, sogenannte native Stärke ist nur für herbivore Tiere verwertbar. Schon Gemischtfresser können die eng vernetzte Struktur der Traubenzuckermoleküle kaum angreifen, Tierfressern ist dies völlig unmöglich.

Wir sprechen dann von Koch-Extrusion, wenn beim Extrudieren kurzzeitig über 100° C hinausgegangen wird. Dann wird in der Kombination aus Hochdruck, Scherkräften, Feuchtigkeit im heißen Materialteig und schlagartiger Entspannung die Stärkestruktur aufgebrochen. Man spricht von Verkleisterung der Stärke unter Aufschluss der Traubenzuckerverbindungen. In Extrudatkroketten ist die Stärke als wichtiger Energielieferant und natürlicher Binde- und Trägerstoff für andere Rezepturkomponenten technisch vorverdaut. Erst so wird sie für Hunde verdaulich und für ihren Stoffwechsel verfügbar.

Der Extruder imitiert die Beute

Die Kochextrusion ist daher eine moderne Produktionstechnik, die für die Herstellung von Fertigkost für alle Nicht-Herbivoren unentbehrlich geworden ist.

Vielen Menschen erscheint das Aussehen von reinen Kroketten „zu einförmig". Obwohl es dem Hund wirklich egal ist, soll etwas „sichtbare Abwechlsung" gegeben sein. Das wird durch Beimischen weiterer Zutaten (Einzelfuttermittel oder Halbfabrikate) ermöglicht. Das fertige Produkt lässt Unterschiede in Form und Farbe der einzelnen Partikel erkennen. Es erinnert etwas an eine Art trockenen Eintopf und Futtermittelexperten sprechen dann von einem „dinner-type-mix".

Beliebter Bestandteil solcher Mischungen mit sichtlich diversen Stückchen, Partikeln, Kroketten u.ä. sind „Flocken". Auch in manchem Hundefutter findet man diese vom menschlich-häuslichen Frühstückstisch bekannten Komponenten.

Aber warum hat Josera kein „echtes" Flockenfutter?
„Flocken" sind lediglich angefeuchtetes Quetschgetreide, das danach wieder getrocknet wurde. Der dabei ganz leicht nur zu verzeichnende Stärke-Aufschluss über Kurz-

zeitquellung reicht vielleicht für Schweine und Hühner, nicht aber für Hunde. Die Verdaulichkeit von Quetschflocken für Tierfresser ist einfach zu schlecht für qualitativ hochwertige, verantwortungsbewusste Futtermittel. Derartiges verbilligt die Rezeptur, aber kaum zum Wohl der Tiere. Außerdem sind bei unseren extrudierten Knusperflocken neben der erhöhten Getreide-Verdaulichkeit auch eine abriebsarme Lagerung, ein schonender Transport und ein sicherer Umgang möglich. Quetschflocken können dies nicht bieten und sie sind auch nicht knackig und bissfest.

Verpackung

Eine gute Verpackung hat mehrere Funktionen. Äußerlich betrachtet steht das Thema „Kommunikation" im Vordergrund. Als „stummer Verkäufer" trägt eine Verpackung Bilder, Symbole und schriftlich-verbale Informationen. Neben dem sogenannten amtlichen Teil der Futtermitteldeklaration mit allen gesetzlichen Pflichtangaben kann der Hundebesitzer hier auch Anwendungshinweise und freiwillige Zusatzangaben finden.

*Verpackung hat viele
Funktionen*

Die „innere Funktion" liegt im Schutz der verpackten Waren. Schließlich soll beim Endkunden das bei Josera optimal produzierte Futter auch möglichst unverändert ankommen. Über die Wahl der jeweils richtigen Verpackung entscheiden ihr Inhalt nach Form und Rezeptur, der vorgesehene Transport- und Handelsweg sowie die Ansprüche der Zielgruppen. Für wertvolle Futtermittel gilt, dass Mensch und Tier gleichermaßen zur Zielgruppe gehören. Gute Hersteller verfügen über mehrere Verpackungsmöglichkeiten, um diesen Ansprüchen gerecht zu werden. Dabei macht man sich nicht nur Gedanken über den Qualitätserhalt innerhalb der Produktionsstätte. Auch der weitere Produktweg wird über die Werkstore hinaus bedacht. Schließlich kennen unsere Fachleute die nahenden Probleme des sog. „handling" im Verkauf, die Wünsche nach der jeweiligen Bevorratung und die Bedarfsanforderungen für die Lagerhaltung im Handel und erst recht im Hundehalter-Haushalt.

Vorratshaltung und Lagerung

Damit sind wir bei einem wichtigen Problemkreis der praktischen Hundeernährung angelangt. Das kritische Thema lautet nun: Hygiene der Lagerung. Wir tun alles, damit Sie einwandfreie Erzeugnisse erstehen können. Aber wie geht es weiter? Es gilt, zunächst vorbeugend den Milben, Motten, Käfern und Co. Einhalt zu gebieten. Gefahrenquellen für deren Verbreitung sind immer umherliegende Reste. Fremdkontaminationen von nebenan eventuell gelagerten befallenen anderen Futtermitteln und rasche Vermehrung der Schädlinge werden durch offenes Lagern geradezu gefördert, Schadorganismen in Lägern gilt es permanent zu überwachen.

Offene Lagerung entsteht bei Futter-Verpackungen daheim sofort nach Zerstören des Originalverschlusses. Der Anbruch ist besonders bei Großgebinden möglicherweise der Beginn einer schleichenden Qualitätsminderung des Inhalts. Selbst wenn man offene Tüten oben umschlägt, bekommt die umgebende Raumluft Zutritt und Aroma entweicht. Auch die o.g. Vorratsschädlinge können leicht eindringen. Josera hat bei den Großpackungen einen überaus praktischen und in mehrfacher Hinsicht sinnvollen Reißverschluss angebracht. Das lästige Umfüllen in Kunststoff- oder Metall-Futtertonnen entfällt. Entnahme und Wiederverschluss sind aus der Originalverpackung ganz einfach machbar.

Ein Reißverschluss gegen externe Einflüsse

Frau Dr. Gastmann zu weiteren Vorteilen des Josera-Reißverschlusses:

■ beste Akzeptanz beim Hund über die gesamte Verwendungsdauer bei Bewahrung des Aromas

■ kein Wegwerfen verdorbener Reste aus unhygienischen Futterbehältern

■ kein Fremdgeruch

■ kein Fremdgeschmack

■ optimaler Qualitätserhalt, besonders der licht- und luftempfindlichen Vitamine

■ Minimierung des Eindringens von Schadorganismen

Außer den mehr oder weniger leicht zu diagnostizierenden Makro-Schädlingen (=mit unbewaffnetem Auge sichtbar) kommen als weitere Problembringer noch die Mikro-Lebewesen hinzu. Mikroskopisch kleine Pilze sorgen für Schimmel oder andere Verderbniserreger, teils auch mit Sporenbildung. Hefen und Bakterien beeinträchtigen die Futterqualität in unverschlossenen Systemen. Viele davon sind überall verbreitet und werden durch die Luft transportiert, etwa als Dauerstadien. „Keimen" und somit aufleben können sie erst bei ansteigender Feuchtigkeit, etwa durch Kondenswasser oder durch die Nähe zu Nassräumen. Sie brauchen Feuchtigkeit, sodass absolut trockene Verhältnisse unabdingbar sind.

Bevorratung und Aufbewahrung

Nassfutter sollte nur in solchen Gebindegrößen verkauft bzw. erworben werden, die innerhalb eines Tages zu verbrauchen sind. Andernfalls muss Anbruch im Kühlschrank aufbewahrt werden und eine kalte Verabreichung ist abzulehnen. Da sämtliche Nassfutter Vollkonserven sind, kann die Aufbewahrung verschlossener Gebinde bei Raumtemperatur erfolgen. Ansonsten hat Nassfutter mehr Nach- als Vorteile, wie zuvor ausführlich geschildert.

Für Trockenfutter gilt eine zusammenfassende Regelung zur Aufbewahrung: kühl, trocken, dunkel und fern von Fremdgerüchen wie Wasch- und Putzmitteln. „Kühl" ist dabei relativ und muss nicht Kühlschrank bedeuten,. Der entsprechende Aufdruck auf manchen Packungen ist eine vorbeugende Aussage und meint lediglich, dass zu warme Lagerung (etwa im Heizungskeller oder hinter stark besonnten Fenstern) nach Anbruch einen Schwund mancher Zusatzstoffe (bestimmte Vitamine) zur Folge hat. Auf guten Wiederverschluss der Anbruchsgebinde von Trockenfutter ist zu achten.

Das auf Fertig-Mischfuttermitteln (Allein- oder Ergänzungsfuttermittel) angegebene Mindesthaltbarkeitsdatum betrifft immer nur originalverschlossene Verpackungen. Eventuelle Qualitätsmängel sind sofort nach dem Öffnen zu beanstanden, da die Verantwortung für die weitere Aufbewahrung ab dem Anbruch auf den Tierbesitzer übergeht.

Dass Frischware zum evtl. Selbstzubereiten genau wie menschliche Nahrungsmittel behandelt und gelagert werden müsste, bedarf wohl keiner besonderen Erwähnung.

Frau Dr. Gastmann
Es bleibt festzuhalten, dass eine gute Verpackung der vorbeugenden Gesundheitspflege dient und damit indirekt dem Tierschutz zuzuordnen ist. Das gleiche gilt für die maßvolle Bevorratung der Futtermenge und für die optimale Lagerung. Denn alle lebenden Eindringlinge können auch Krankheitsüberträger sein; wenn die Vorratsschädlinge nicht selbst erkranken, so können sie allergische Reaktionen hervorrufen. Auch die Gabe von verdorbenem Futter wäre tierschutzrelevant. Dem kann wie gezeigt vorgebeugt werden.

5. Fütterungspraxis: Von der Theorie zur Umsetzung

Wie oft - wie lang: Ganz entscheidend ist die Menge
Tierbesitzer haben eine große Verantwortung für die richtige Verabreichung von Futter. Wir können über Anwendungsempfehlungen nur Hinweise geben. Hinzu kommt die Beurteilung des individuellen Fressverhaltens, da einzelne Hunde selbst gleicher Rassen sehr große Unterschiede zeigen. Manche brauchen exakte Zuteilung oder gar das Wegnehmen des Futtergefäßes nach einigen Minuten, anderen kann man den ganzen Tag einen stets gefüllten Napf mit Trockenfutter anbieten, sie wählen selbst, was sie brauchen. Derart disziplinierte Fresser sind jedoch überaus selten. Wie oft und wie lange man Trockenfutter anbietet, kann also gar nicht so einfach „über einen Kamm geschoren" werden. Es gibt jedoch einige Grundregeln. Beobachten Sie Ihren Hund, um zu lernen, was „normales" Verhalten ist. Jede Abweichung von der Normalität verdient erhöhte Aufmerksamkeit. Gierige Schlinger ohne Maß und Ziel werden zuteilungsgemäß strenger beurteilt als Hunde, die „disziplinierter" fressen.

Hunde fressen unterschiedlich

Der ausgewachsene Hund:
Bei ausgewachsenen Hunden (Welpen und Heranwachsende siehe nächstes Kapitel) muss von oben betrachtet eine Taille sichtbar sein. Die Rippen bleiben idealerweise immer leicht unter Fell und Haut tastbar. Wer möchte, kann die Körpermasse - umgangssprachlich: das Gewicht - seines Hundes genauso überwachen wie das Maß des Leibesumfangs am Übergang vom Brustkorb zum Bauch. Wer dabei bei seinem ausgewachsenen Hund bei etwas gleicher Bewegungsleistung und täglich gleichmäßiger Unterbringung konstante Werte erzielt, hat die richtige Futtermenge ziemlich korrekt getroffen.

Ausgewachsene Hunde werden ein- bis zweimal täglich gefüttert, wobei das Trockenfutter für je ca. 30 Minuten zur Verfügung gestellt wird. Nur den seltenen, maßvollen „Selbstzuteilern" unter den bellenden Partnern mit vier Pfoten kann Nahrung zur freien Aufnahme ständig zur Verfügung gestellt werden.

Die Erwachsenenfütterung dient dem Erhaltungsbedarf ohne besondere Zusatzanforderungen wie Zucht, Sport oder sonstige starke Bewegung. Durch Lesen des Kleingedruckten auf Fertigfutterverpackungen erfährt man, ob bei der Futterbezeichnung hervorgehobene Zutaten lediglich eine Geschmacksrichtung darstellen, oder aber wertgebender Bestandteil sind. Zutatenhervorhebungen müssen nämlich in der Zusammensetzungsliste mit ihrem tatsächlichen Gehalt in Prozentangabe aufgelistet sein. Wölfe waren und sind niemals ständig vollgefressen und satt. Überfluss wechselt mit karger Kost oder gar Hunger. Manchem Hund tut daher ein Fastentag in der Woche gut.

Ernährungsbesonderheiten und spezielle Anforderungen
Rassen oder Mischlinge mit breitem und tiefem Brustkorb können zu sogenannten Magendrehungen neigen.
Vorbeugend dürfen solche Hunde nie direkt nach Spaziergängen, Auslauf oder sonstigen Bewegungsleistungen gefüttert werden. Warten Sie damit ruhig mindestens 30 Minuten, das tut übrigens allen Hunden gut. Wenigstens in diesem Punkt können und dürfen wir sicherheitshalber vom Wolfs-Vorbild abweichen. Wölfe fressen ja direkt nach erfolgreicher und anstrengender Jagd, neigen jedoch figurbedingt nicht zu Magendrehungen und naturbedingt kaum zu „Zivilisationskrankheiten".
Praktische Ernährung von Hunden bedeutet Eingehen auf individuelle Vorgaben.

Der Anteil an industriell gefertigter Nahrung nimmt weiter zu. Neben den oben genannten Nachteilen der Selbstzubereitung spielt dabei auch die zunehmende Bequemlichkeit der Tierhalter eine Rolle

Welpen und Junghunde - unterschiedliche Ansprüche
Bei jedem Fütterungskonzept gilt für die Nährstoffversorgung von Hunden die Vorgabe der sich ändernden Ansprüche im Laufe der individuellen Entwicklung. Hundewelpen brauchen einen anfänglichen, jedoch nur wenige Wochen nach dem Absetzen von der Muttermilch andauernden Anschub des ersten Wachstums durch Versorgung mit eiweiß- und fettreichem Starterfutter. Danach soll im Heranwachsenden-Alter eher verhalten, d.h. etwas nährstoffreduziert gefüttert werden. Je größer ein Hund ein-

mal wird, desto länger sollte diese Phase dauern, um Gelenkschäden vorzubeugen. Bei Riesenrassen kann diese Periode bis zu 24 Monaten dauern, kleine bis mittlere Rassehunde oder Mischlinge sind bereits nach 12 Monaten ausgewachsen, Zwergformen zum Teil schon mit 6 Monaten. Es muss vermieden werden, dass die zügig sich bildende Muskulatur das sogenannte „Gebäude" des Skelettes vorschnell „überwächst". Extrem ausgedrückt sprechen Züchter von Riesenhunden davon, dass die jugendlichen Tiere „sich groß hungern müssen".

Ausgewachsen, aber… (Senioren und Übergewicht)

Ältere Hunde, die schon mehrere Jahre lang ausgewachsen sind, bewegen sich normalerweise deutlich weniger, ihr Spieltrieb lässt nach und somit wird ihr Nährstoff- und Energiebedarf geringer. Bleibt man bei „normalem" Erwachsenenfutter, droht Verfettung mit einer Fülle negativer Folgen für den Organismus. Vorbeugend gibt es dazu verschiedene Balance-Futterkonzepte mit weniger Fett und weniger Protein, beide jedoch von besonders leichtverdaulicher Qualität, da auch die Verwertungsleistung der Verdauungsorgane im Alter nachlässt. Ist bereits Übergewicht eingetreten, gibt es Futtermittel zur Reduzierung des Köpergewichts bis hin zu echten Diätfuttermitteln zur Abnahme unter Expertenaufsicht.

Der ältere und/oder übergewichtige Hund

Leistung

Fütterung je nach Leistung und Lebensstil geht weit über die Verköstigung des „normalen" bellenden Freundes hinaus. Besonderes „Fingerspitzengefühl", gutes Einfühlungsvermögen und eine hervorragende Beobachtungsgabe brauchen Halter, die mit ihrem Hund „arbeiten" (Breiten- bis Leistungssport, Gebrauchshunde). Jede Art von Bewegung über das selbst und freiwillig gewählte Maß hinaus ist ernährungsphysiologisch bereits eine Leistung und unterliegt somit höheren Anforderungen an die Versorgung mit umsetzbarer Energie. Leider gibt es dazu keine vereinfachende Faustformel, welche für jede Art von Leistung generell eingesetzt werden könnte. Aber auch dazu ist der Fertigfutterfütterer im Vorteil, da die Futtermittelindustrie auch hierzu diverse Konzepte bereithält.

Beim Umgang mit diesen Hochenergie-Futtermitteln ist jedoch besondere Vorsicht geboten, da selbst bei geringen Überschreitungen der tatsächlich gebrauchten und auch verarbeiteten Mengen rasch Verfettungsgefahr droht.

Hunde bei der Arbeit und im sportlichen Einsatz

Vermehrung ist Leistung

Auch die Fortpflanzung und das Zuchtgeschehen sind „Leistung" die sich in angepasster Verköstigung widerspiegeln muss. Hierzu gilt, dass trächtige Hündinnen erst im letzten Drittel der Tragzeit mit raschem Heranreifen der Leibesfrüchte einen erhöhten Versorgungsbedarf haben. Dieser schnellt nach der Geburt mit einsetzender Säugeleistung (Laktation) nach oben und kann je nach Menge der zu säugenden Welpen bis zum Vierfachen des Erhaltungsbedarfs betragen.

Die richtige Art der Verabreichung:
Etwas „Fütterungstechnik"
Für Hunde kommen dafür zunächst verschiedene Näpfe als „Verabreichungsgeräte" in Frage. Die Materialwahl spielt dabei insofern eine Rolle, als eine leichte und gründliche Reinigung gewährleistet sein muss. Edelstahl und moderne, lebensmittelgeeignete Hartkunststoffe verfügen über diese Eigenschaften, ebenso Glas und glasierte Keramik- oder Steingutwaren, letztere sind allerdings im täglichen Gebrauch bruchgefährdet. Der manchen Kunststoffen entweichende Geruch chemischer Verarbeitungshilfen führt vielmals zur Ablehnung der sehr geruchsempfindlichen Hunde. Rostfreier Edelstahl gilt als geruchsneutral und solche Näpfe sind zudem durch ihr Eigengewicht recht standfest. Leichte und einfach verschiebbare Futtergefäße eignen sich zumindest für größer werdende Hunde kaum.

Wie Futter optimal verabreicht wird

Obwohl die meisten Hunde eher zimmerwarmes und etwas abgestandenes Wasser bevorzugen, werden zunehmend Wasserautomaten eingesetzt, um mehr unsere menschlichen Frischeansprüche als die der Tiere zu befriedigen. Bei Gewöhnung werden aber auch derartige Tränken von Hunden akzeptiert.

Sogenannte Belohnungs- oder Dressurfütterung sollte zur Vertiefung der Mensch-Tierbeziehung bzw. aus erzieherischen Gründen von Hand erfolgen. Individuelle Vorlieben müssen zur Erzielung der gewünschten Effekte durch Ausprobieren der zahlreichen Ergänzungsfuttermittel-Varianten mühsam herausgefunden werden, einen anderen Weg gibt es leider nicht. Man achte tunlichst auf Inhaltsstoffe und Zusammensetzung dieser Snacks und Belohnungshappen, weil es darunter auch echte „Kalorienbomben" gibt. Nähr- und Wirkstoffgehalte sind in der Gesamtration zu berücksichtigen, die gegebenenfalls um die verabreichte Ergänzungsfuttermenge zu reduzieren ist.

Leckerli und Snacks

Fazit Frau Dr. Gastmann:

Bei der Auswahl der Futtersorte und der Fütterungsmenge ist folgender Aspekt zu bedenken:

Der Appetit des Hundes (und anderer Lebewesen) wird von Natur aus vom Energiebedarf gesteuert und nicht von seinem Bedarf an bestimmten Nährstoffen (Protein, Fett, Kohlenhydrate). Das Futter muss daher so konzipiert werden, dass der Hund mit allen Nähr- und Wirkstoffen optimal versorgt ist, wenn er seinen Energiebedarf über die gefressene Futtermenge gedeckt hat. Aus dieser Überlegung kommt z. B. auch die Idee des richtigen Protein-Energie-Verhältnisses.

Dabei muss die Futtermenge zum Hund passen: sein Magen soll nach dem Fressen weder überladen noch halb leer sein, damit der Hund sich wohlfühlt.

Natürlich gibt es auch Hunde, deren Appetit nicht mehr wie ursprünglich gelenkt wird. Da sind Hunde, die entweder prinzipiell alles fressen, was ihnen vor die Schnauze kommt, und solche, die nur sehr wenig fressen können oder mögen. Denen mit dem guten Appetit wird man dann eher ein Futter mit geringem Energiegehalt geben, den „Wenigfressern" eher ein Futter mit hohem Energiegehalt.

Auch Futter kann krank machen
Leider bietet auch bei Hunden die Nahrung einige Möglichkeiten zur Verursachung von Schäden. Von Vergiftungen durch falsche oder falsch gelagerte Zutaten im Rahmen der Selbstzubereitung soll hier gar nicht die Rede sein. Wie erwähnt stehen beim „selbst Kochen" für den Hund ohnehin Mangelerscheinungen oder aber fahrlässige Überdosierungen von Wirkstoffen im Vordergrund.

Zu viel!
Das größte Problem und somit der Haupt-Erkrankungsfaktor im Futterzusammenhang ist die Fütterungsmenge. Leider betrifft dies auch die Verabreichung von Trockenfutter, die ansonsten ja als einfach, praktisch und sicher gilt. Aber die korrekte Zuteilung entzieht sich nun einmal dem Einfluss des Herstellers. Mengenmißbrauch ist leider üblich geworden. Hinzu kommt -aus Bequemlichkeit, Zeitknappheit, Unlust?- ein Mangel an Bewegung. Hunde sind nun einmal Lauftiere. Konsequenz: inzwischen gilt für praktisch alle westlichen Länder, dass die „Zivilisationskrankheiten" auch bei Hunden rasch um sich greifen.

Ernährungsbedingte Krankheiten

In Deutschland ist mehr als jeder fünfte Hund als übergewichtig zu bezeichnen. Fettleibigkeit schädigt jedoch auch bei Vierbeinern zahlreiche Organsysteme: der Bewegungsapparat wird überbelastet, die Leber verfettet, Blutparameter entgleisen und Versuche der Stoffwechselregulation scheitern auf vielen Wegen und unter Folge-Erkrankungen. Das muss nicht sein. Aber mehr als einen Appell an die Vernunft der Hundehalter sowie die Möglichkeit der Änderung des Ernährungskonzeptes durch angepasste Sortenwahl kann auch Josera nicht beitragen.

Weitere Schlagworte zum Thema „krank durch Futter" sind:

Futtermittel-Allergien und Nahrungsunverträglichkeiten
Glaubt man den Tierärzten, so nimmt die Anzahl der Futtermittelallergien und der Nahrungsunverträglichkeiten bei Hunden und Katzen zu. Rein statistisch gesehen ist dies ganz ähnlich wie im Bereich der Lebensmittelallergien beim Menschen: Beschwerden häufen sich mit wachsender Länge des Zeitraumes, in dem bestimmte Zutaten regelmäßig Verwendung gefunden haben. D.h. wenn z.B. über Jahre in bestimmten Erzeugnissen immer wieder Rindfleisch enthalten ist, wird die Zahl der negativen Reaktionen auf Rindfleischerzeugnisse zunehmen. Die Wissenschaft streitet sich noch darüber, ob zum verstärkten Ausbruch von Allergien auch Umweltbelastungen und eine mögliche erbliche Komponente mit beitragen. Von Allergien spricht man immer dann, wenn tatsächlich echte Reaktionen des Immunsystems (körpereigene Abwehr) des Organismus vorliegen. Allergie bedeutet, dass ein Stoff (Allergen) auf einen Körper einwirkt, bei dem sich bereits durch einen früheren Kontakt spezielle Abwehrstoffe gegen das Allergen gebildet haben. Diese Abwehrstoffe heißen Antikörper. Eine echte Allergie ist dann eine massive Antigen-Antikörper-Reaktion mit unterschiedlichsten Folgen. Dies können Hauterscheinungen (Juckreiz), lokale oder übergeordnete Entzündungen, aber auch Belastungen der Atemwege (Asthma, Schnupfen) und Verdauungsstörungen (Durchfälle) sein. Im Gegensatz dazu treten bei allgemeinen Unverträglichkeiten gegen einen Nahrungsstoff keine Antigen-Antikörper-Reaktionen auf. Während Allergien sich mehr oder weniger schnell im Körper aufbauen (manchmal dauert es Jahre), reagiert der Körper bei Nahrungsmittelunverträglichkeiten sofort beim

ersten Kontakt bzw. Bissen. Die meist zu beobachtenden Reaktionen des Verdauungstraktes basieren auf anderen Ursachen, wie etwa mechanische Reize, ungenügend Verdauungsenzyme oder einfache chemische Reaktionen sowie gegebenenfalls auch Störungen der Darmflora.

Echte Futtermittelallergien sind zum Glück relativ selten, Unverträglichkeiten treten hin und wieder auf. Diagnostisch ist seitens des Tierarztes unbedingt das Vorliegen einer anderen Allergie oder Unverträglichkeit auszuschließen, etwa gegen Ungeziefer (Flohbiss-Dermatitis), Teppiche, Liegen und Decken (Kontaktentzündungen!) und die durchaus auch bei Tieren anzutreffenden Allergien gegen eingeatmete Stoffe (Pollen!). Für eine derartige Abgrenzung können Blutuntersuchungen eine Hilfe darstellen, allerdings nicht zur Diagnose einer Futtermittelallergie! Es kann nicht oft genug betont werden, dass eine reine Blutdiagnostik bezüglich Futterstoffen nicht aussagekräftig ist! Die einzige Möglichkeit der zuverlässigen Diagnose besteht in einer Ausschlussdiät, bei der das vermutete Allergen weggelassen wird. Bleiben dann die Erscheinungen für mehrere Wochen aus, kann die Diagnose mit einer bewussten „Reizfütterung" durch nochmalige Verabreichung eben dieses Allergens erhärtet werden. Der Boom von Lammfleisch in Hundefuttermitteln ergab sich aus der Tatsache, dass man Rindfleisch, Soja, Milch- und Molkereierzeugnisse und Weizen als die vier häufigsten echten Allergene für Hunde festgestellt hat. Lässt man dann z.B. das Rindfleisch weg und ersetzt es durch Lammfleisch, sind keine weiteren Reaktionen zu erwarten. Außer gegen Eiweiße aus Fleisch und Pflanzen können auch Kohlenhydrate ein sogenanntes allergenes Potenzial aufweisen, weshalb auch sie in der Diagnostik zu berücksichtigen sind. Ein echtes Diätfuttermittel gegen Allergieerscheinungen enthält daher nur eine Eiweiß- und eine Kohlenhydratquelle, die beide exakt benannt sein müssen und nicht mit möglichen anderen Allergenen vermischt werden dürfen. So kam es zu den Lamm- und Reisprodukten, die nur dann hypoallergen funktionieren, wenn außer Lammfleisch und Reismehl nur noch Vitamine und Mineralstoffe enthalten sind und keine anderen Zutaten. Nur dies wäre dann eine echte hypoallergene Diät, alles andere ist mehr oder weniger Augenwischerei oder stellt sich als marketing-orientierte Ableitungen dieses fraglichen Gesundheitsbooms dar. Inzwischen gibt es übrigens auch durchaus schon Lammfleisch-Allergiker unter den Hunden!

Offene Fragen zum Thema Allergien und Unverträglichkeiten

Für den Tierbesitzer stellt sich die Frage, wie er einem wirklich als echten Allergiker sicher diagnostizierten Tier helfen kann oder was bei sonstigen Futterunverträglichkeiten zu tun ist. Hierzu muss über die Zusammensetzung des Futters gesprochen werden, um eine mögliche Verursacher-Zutat in der künftigen Ernährung auszuschließen. Dies betrifft jedoch wirklich nur die entsprechend erkrankten Tiere. Alle anderen Hunde können völlig normal ernährt werden. Besonders bei Juckreiz und Haarausfall sind Einatmungs-Allergien unbedingt sicher auszuschließen. Das gleiche trifft für Hautentzündungen zu, die durch Kontakt mit ungeeigneten Oberflächen genauso ausgelöst werden können wie durch die gar nicht so einfach festzustellenden, tief in der Haut sitzenden vielfachen Vertreter der Milbenverwandtschaft. Auch wenn einmal Ungezieferbefall z.B. mit Flöhen aufgetreten war und eine erfolgreiche Behandlung längst abgeschlossen ist, können die mit dem Speichel der Flöhe übertragenen Allergene noch lange im Tierkörper kreisen und dort immer wieder für Ausbrüche von Juckreiz sorgen. Noch schwieriger ist die saubere Abklärung auftretender Durchfälle. Infektionen mit Viren, Bakterien und Parasiten müssen hier genauestens ausgeschlossen werden, bevor überhaupt an Allergien oder Unverträglichkeiten zu denken ist.

Unsere Antworten:
Da wir von Josera bisher keine echten Diätfuttermittel zur Behandlung oder Unterstützung der Therapie bestimmter Krankheiten vertreiben, möchten wir auch nicht in dem schwierigen Feld der echten Diätfuttermittel gegen Allergien mitmischen. Aber wir machen auch keine „vorgeschobenen Produkte", die mit einem gewissen Lammfleisch- und einem bestimmten Reis-Anteil eben diese Hilfe für den Tierbesitzer suggerieren. Ehrliche Produkte mit verbindlichen Produktaussagen sind unser Thema, nicht Pseudohilfen und nur auf Marketing gestützte Produktaussagen.

Futterumstellungen

Krankheitssymptome wie Erbrechen oder massive Veränderungen der üblichen Ausscheidungen können auch ohne Allergien ernährungsbedingt sein. Der menschliche Abwechslungsgedanke -für Hunde aufgrund der wölfischen Natur ihres Verdauungstraktes gar nicht so gutführt bisweilen zu raschen Umstellungen der Fütterungspraxis. Kein Hund kommt mit häufigen Wechseln gut zurecht, bei manchen Tieren zeigen sich massive Reaktionen. Marken- und Sortenwechsel sollten daher langsam und schrittweise erfolgen. Idealerweise vermischt man eine sich täglich steigernde Menge der neuen Trockenfuttersorte mit dem bisher verabreichten Futter. Letzteres wird dabei jeden Tag etwas reduziert, bis man komplett auf das neue Futter umgestellt hat. Dafür etwa eine Woche einzuplanen ist ein vernünftiger Zeitraum.

Das Problem angeblicher Haarverfärbungen

Keine echte Krankheit, aber eine ab und zu beobachtete Abweichung von der üblichen Fell-Normalität ist das Phänomen der „Haarverfärbung" unter Trockenfutter-Ernährung. Rot- oder Braunstichigkeit bei schwarzen Hunden oder in schwarzen Haarpartien mehrfarbiger Vierbeiner wird zum Teil heftig diskutiert. Fakt ist, dass nach dem heutigen Erkenntnisstand der Wissenschaft keine Zutat (Rohstoff, Ergänzungsfuttermittel) und kein Zusatzstoff bekannt ist, der Haare verfärben kann. Eine echte Haarverfärbung wäre bei Säugetieren dann gegeben, wenn sich nachweisliche Änderungen der Pigmenteinlagerungen im Mark (Innenhöhlung) des Haarschaftes ergeben würden. Dies ist jedoch im Gegensatz zur Vogelfeder unmöglich. Denn Farbeinlagerung im Haar bzw. Pigmentverlust mit Weiß- oder Grauhaarigkeit als Folge sind bei Mensch und Säugetier erblich und hormonell gesteuert. Farbtöne „anzufüttern" ist ins Reich moderner Märchen zu verweisen. Lediglich Fellglanz wird durch optimale Futterkomposition verstärkt.

Haarfarbe und Futter

Farblich veränderbar ist jedoch die Haut, auch die von Hunden. Pigmenteinlagerungen direkt unterhalb der äußersten Hautschicht (Epidermis) sind mit verschiedenen Carotinoiden prinzipiell möglich. Josera setzt dem Futter diese Substanzen nicht zu, aber in einigen Rohstoffen sind sie naturbedingt in geringen Konzentrationen enthalten. Als fettlösliche Substanzen können sie sich im Unterhautfettgewebe anreichern, analog zu den umstrittenen „Bräunungspillen" für Hauttönung von innen heraus für Menschen. Dadurch sind durchscheinende gefärbte Hautbereiche bei kurzfelligen Hunden für gewisse Rot- oder Braunverfärbungswirkungen möglich.

Haut- und Haarfarbe

Hinzu kommen optische Eindrücke, vor allem unter bestimmten (Sonnen- oder anderen Licht-)Einstrahlungswinkeln, denen das menschliche Auge zum Opfer fällt. Rötlich wirkendes, dunkles Fell braucht jedoch keinerlei Rot-Stoffe im Haar-Inneren, ein Beispiel aus der Unterwasserwelt mag dies verdeutlichen: beim gesamten Fischvolk gibt es

Optische Täuschungen

kein einziges Blau-Pigment! Dennoch existieren ganz zweifelsohne blaue Fische oder flossige Schuppenträger mit blauen Hautbereichen. Tatsache ist: nur durch ein bestimmtes Mischungsverhältnis von Schwarzpigmentzellen mit sogenannten Glanzzellen der Fische kommt für das menschliche Auge hier der Eindruck „blau" zustande.

Bei rotverfärbten Hunden wird auch schwerer Kupfermangel diskutiert, der bei Ernährung mit einem guten Trockenfutter nicht auftreten kann. Ferner verfärben Inhaltsstoffe von Tränen und Speichel unter Sonneneinstrahlung das Fell. Schließlich bleiben noch die Vererbung, also genetische Veranlagung und das Anlagern von körperfremden Substanzen außen am Haar als mögliche Ursachen.

Was nun also „rot auf schwarz" bei Hunden betrifft, muss gelten: lassen Sie sich nicht täuschen!

Ernährung und Umwelt (Kot-Problematik)

Futtermittel mit geringer Verdaulichkeit führen wegen der schlechten Verwertung im Hundestoffwechsel zu großen Ausscheidungsmengen. Hundefutter mit zu geringem Energiegehalt müssen zur Sättigung des Hundes in großen Mengen verabreicht werden. Auch das bringt reichlich Kot-Absatz. Das kann nicht im Sinne der Umwelt sein. Mit einem sehr guten Trockenfutter leisten Hundebesitzer einen Beitrag zur angewandten Ökologie durch reduzierte Exkrementmassen, was zusätzlich zu optimaler Kotkonsistenz die Entsorgung erleichtert und zu mehr Verständnis bei Nicht-Hundebesitzern führt.

Weitere Umweltaspekte kommen hinzu: bei Josera stimmt die Ökobilanz von Trockenfutterproduktion sowie Verpackung, nicht zuletzt dank Ökostrom. Auch Logistik und Transportwesen tragen zum Umweltschutz bei, weil der Produktionsstandort in Deutschland aus möglichst nahe gelegenen Rohstoffquellen versorgt wird.

Ökologisch korrekt füttern

Josera

6. Nachwort

Zu den Autoren:

Dr. Traute Gastmann hat nach ihrem agrarwissenschaftlichen Studium an der Universität Göttingen auf dem Gebiet der Tierphysiologie promoviert.

Nach jahrelanger Tätigkeit als Laborleiterin ist sie seit 2002 bei der Firma Josera für die Betreuung und Entwicklung der Rezepturen von Hunde-, Katzen- und Pferdefutter verantwortlich. Da diese Tiere auch zu ihrem täglichen Privatleben gehören, ist ihr die Sichtweise der Tierhalter absolut vertraut.
„Zum Wohle der Tiere" ist stets das Motto ihres Tuns.

Dr. Stephan Dreyer ist Diplom-Agrarbiologe und seit 1987 fachlich auf "animalische Hobbies" spezialisiert.

Als sachverständiger Freiberufler für Heimtierhaltung, Mensch-Tier-Beziehungen und Futtermittelexperte ist er für verschiedene Unternehmen und Organisationen der Zoofachbranche im angewandten Marketing tätig.

Seminare, Vorträge und Moderationen runden sein vielfältiges Aufgabengebiet ab. Aus seiner Feder stammen diverse Sachbücher und zahlreiche Zeitschriftenbeiträge.
Darüberhinaus ist Dreyer lehrbeauftragter Dozent an der Universität Hohenheim und der Berufsakademie Mannheim.

Ein allgemeingültiges Büchlein von zeitlosem Charakter
wie das vorliegende ist das Eine. Aktuelle Broschüren,
Handzettel, moderne Medien und Gespräche mit unseren
Vertriebspartnern oder dem Innendienst im Werk Klein-
heubach sind die andere Seite der Kommunikations- und
Informationspolitik des Hauses Josera.

Ganz bewusst finden Sie hier keine Sorten- oder Einzel-
produktnamen, die geändert werden können. Auch Prei-
se und Handelswege unterliegen zeitlichen Schwankungen.

Daher möchten wir unseren Lesern anbieten und empfeh-
len, sich detailgetreu und brandaktuell direkt bei uns zu
informieren. Nutzen Sie unsere telefonische Hotline unter
09371 940 150 oder das Internet:
die richtige Homepage dazu erreichen Sie unter der
Domain **www.josera-emotion.de** ,
die e-mail-Adresse lautet **JoseraHTF@ErbacherKG.de**

Kritik – gerne selbstverständlich positive;
falls negativ wäre uns die konstruktive Variante recht –
nehmen wir ebenso gern entgegen wie wir Anregungen
aufgreifen.

**Bleiben wir also in Kontakt, ganz im Sinne
unseres Mottos und zum Wohl Ihres Hundes:**

Josera Emotion. So schmeckt Freundschaft

7. Register

Aas 42

Abfallstoffe 18

Abwechslung 9, 47, 58

Abwehr 56

Abwehrstoffe 56

After 8

Aktivität 20

Akzeptanz 7, 19, 49

Alleinfutter 15, 16, 30, 37, 41, 44, 50

Allergen 56, 57, 58

Allergie-Differenzdiagnose 58

Allergien 56, 58

Allergische Reaktionen 50

Allesfresser 8, 13, 14

Amine 28

Aminosäuren 23, 24, 26

Analysen 22, 39, 40, 41

Antikörper 32, 56

Antioxidantien 17

Anwendungsempfehlung 37, 51

Anwendungshinweise 48

Arbeitshunde 22

Aroma 49

Ascorbinsäure 31

Asthma 56

Atemwege 56

Atmung 19

Aufbaustoffe 23

Aufbewahrung 48, 50

Auffetten 46

Aufschluss 43, 47

Aufzucht 30

Augen 32

Ausscheidungen 58

Ausschlussdiät 57

Backenzähne 6

Bakterien 49, 58

Ballast, Ballaststoffe 27

Bauch 21, 51

Bauchspeicheldrüse 7

Bedarf 9, 21

Behaarungstyp 12

Belohnungsfütterung 54

Beta-Carotin 30

Beute 6, 47

Beutetiere 6, 42

Bewegung 20, 52, 53

Bewegungsapparat 56

Bewegungsleistung 51

Bindegewebe 9, 32, 35, 42

Biotin 36

Blähungen 8

Blut 8, 24, 32, 56,

Blutbildung 35

Blutkreislauf 19

Blutuntersuchungen 57

Blutzucker 8, 25

Braunstichigkeit 59

Breitensport 53

Brustkorb 21, 51, 52

Calcium 18, 26, 35, 40, 44

Calcium-/Phosphor-Verhältnis 40

Calciumcarbonat 26

Calcium-Verhältnis 40

Carnivore 8, 13, 43,

Carotinoide 30, 59

Cellulose 25

Chondroitin 35

Cystein 26

Darm 7, 8, 27, 32, 43

Darmflora 8, 14, 35, 43, 57

Darmwand 24

Darmzellen 24, 27
Darreichungsform 6
Deklaration 15, 16, 17, 36
Dermatitis (durch Flohbisse) 57
Diät 57
Diätfuttermittel 53, 57, 58
Dickdarm 8, 9, 27
Differenzdiagnose zu Allergien 58
Disaccharide 25
Domestikation 10, 11
Dosen (Futter) 37
Dünndarm 7, 9
Durchfall, Durchfälle 8, 56, 58

Eckzähne 6
Edelstahl 54
Einatmungs-Allergien 58
Einfachzucker 25
Einzelfuttermittel 16, 17, 47
Eisen 32, 35
Eiweiß 14, 22, 23, 57
Eiweiß-(Protein)Verhältnis 40
Eiweiß-/Energie-Verhältnis 40
Eiweißbausteine 23
Eiweißquellen 23
Eiweißverdauung 7, 24
Enddarm 8
Energie 18, 19, 20, 21, 22, 53
Energiebedarf 19, 21, 53, 55
Energiegehalt 55, 60
Energiehaushalt 22
Energiequelle 24
Energieverbrauch 19, 22
Energiezufuhr 20, 21
Ente 7
Entwicklung 52
Enzyme 24, 26, 32
Epidermis 59
Erbrechen 58

Ergänzungsfuttermittel 16, 30, 37, 40, 50, 54, 59
Erhaltungsbedarf 19, 22, 52, 54
Erhaltungsstoffwechsel 20
Ernährungsbedingte Krankheiten 55
Ernährungsbesonderheiten 52
Ernährungstyp 6, 8, 13, 14
Ernährungsweise 10
EU-Richtlinien 16
Exkremente 15
Exkrete 24
Extrudate 36, 45, 46
Extrudieren 45, 47

Fangzähne 6
Farbe (des Futters) 7
Farbe 6, 47
Farbeinlagerung 59
Farbschläge 12
Farbtöne 59
Färbung 24
Fastentag 52
Faunivore 8, 43
Fell 8, 24, 35, 51, 59, 60
Fermente 7, 35
Fertigfutter 37, 43
Fertigungstechnologie 45
Fett 24, 53, 55
Fettleibigkeit 56
Fettreserven 19
Fettsäuren 24, 25, 27, 36, 42
Fettschutz 31
Fettsynthese 26
Fettzugabe 46
Feuchte 18
Feuchtfutter 37
Feuchtigkeit 18, 37, 47, 49
Fischnebenerzeugnisse 17, 42
Fleisch 13, 14, 15, 17, 31, 57

Fleischfresser 13
Fleischlieferant 10
Flocken 36, 47, 48
Flockenfutter 47
Flohbiss-Dermatitis 57
Flöhe 58
Form 46, 47
Fortpflanzung 22, 30, 54
Fremdgeruch 49, 50
Fremdgeschmack 49
Fressmenge 20
Fressverhalten 51
Fruchtbarkeit 32
Futterauswahl 6
Futterbehälter 49
Futterfette 31
Futtergefäße 51, 54
Futterkalk 26, 31
Futtermenge 20, 50, 51, 55, 56
Futtermittelallergie 56, 57
Futtermitteldeklaration 48
Futtermittelgesetz 15
Futtermittelindustrie 53
Futtermittelkunde 36, 37
Futtermittelrecht 15, 36
Futtermittelverordnung 15, 17
Futtersorten 55
Futtertechnik 43
Futtertonne 49
Futtertyp 10
Futterumstellung 58
Fütterungsempfehlungen 21
Fütterungskosten 41
Fütterungsmenge 20, 55
Fütterungspraxis 22, 51
Futterunverträglichkeiten 58
Futterverpackung 21
Futterverwertung 6
Futterwechsel 58

Gallenflüssigkeit 7
Gärung 27
Gastrin 7
Gebrauchshunde 53
Geflügelmehl 17
Gehirn 12
Gelenkfunktion 35
Gelenkschäden 53
Gemischtfresser 8, 14, 47
Gerste 9
Geruch 6, 7
Gesundheitspflege 50
Gesundungsphase 30
Getreide 9, 31, 43, 47, 48
Gewebe 8, 18, 24
Gewicht 51
Glucosamin 35
Glykogen 25
Granulat 36
Gras 43
Grundbedarf 19

Haar 21, 32, 59, 60
Haarausfall 58
Haarfarbe 59
Haarverfärbungen 59
Halbfabrikate 36, 47
Haltungsbedingungen 21
Harn 18
Hartkunststoff 54
Hausmannskost 39
Haustier 10
Haut 8, 21, 24, 32, 35, 51, 58, 59
Hautentzündungen 58
Hautfarbe 59
Hauttönung 59
Hefe 35, 49
Heimtier 10
Heranwachsende (Hunde) 51, 52

Herbivore 13, 14
Hersteller 41, 43, 48, 55
Herstellung 18, 45
Herstellungsdatum 18
Herzschlag 19
Hilfsstoffe 31
Hitzekonservierung 41
Hochenergie-Futtermittel 53
Hormondrüse 7
Hormone 24, 32
Hund, älter 53
Hund, ausgewachsen 51, 52
Hund, übergewichtig 53
Hunde-Babys 52
Hundemaul 6
Hundewelpen 52
Hunger 52
Hygiene 48

Immunsystem 35, 56
Industrielle Fertigung 41, 52
Inhaltsstoffe 17, 22, 36, 37
Inulin 35
Insulin 7

Jod 35
Joule 40
Juckreiz 56, 58
Junghund 37, 52
Jungtieraufzucht 22

Kalium 26
Keimdrüsen 32
Kennzeichnung 34
Kennzeichnungspflicht 16, 17
Kiefer 12
Knochen 8, 15, 32, 35
Knochenbildung 26
Knorpelaktivität 35

Knusperflocken 48
Kobalt 35
Koch-Extrusion 9, 45, 47
Kochrezepte (Futter) 39
Kohlenhydrate 22, 25, 26, 40, 55, 57
Kondenswasser 49
Konservierungsstoffe 17, 38
Kontaktentzündungen 57
Kontrolle 21, 34, 44
Körperfett 21
Körpergewicht 20, 53
Körpermasse 51
Körpertemperatur 18, 19
Kot 24, 43
Kotbildung, Kotformung 8
Kotkonsistenz 60
Kotmenge 9
Krankheit 59
Krankheitsüberträger 50
Kroketten 45, 47, 48
Kupfer 35
Kupfermangel 60

Lachs 7, 17
Lagerung 40, 41, 48, 49, 50
Laktation 22, 54
Lammfleisch 57
Lebendmasse 20
Lebensmittelallergien 56
Lebensstil 53
Leber 7, 29, 34, 56,
Leckereien, Leckerli 16, 22, 37, 54
Leistung 20, 53, 54
Leistungssport 53
Leitungswasser 19
LIFE PROTECT 35, 36
Lipide 24, 43
Lipoide 24
Logistik 60

Lösungsmittel 18
Lymphe 24

Magen 7, 24, 55
Magen-Darm-Kanal 7, 27
Magen-Darm-Trakt 9, 32
Magendrehung 52
Magenhormone 7
Magnesium 26
Mais 9
Mangan 35
Mangelerscheinungen 33, 55
Matrize 46
Maul 6, 7
Megajoule 19
Mengenelemente 19, 26
Methionin 26, 36
Milben 48, 58
Milch 28
Milchbildung 22
Milcherzeugnisse 57
Mindesthaltbarkeit 18
Mindesthaltbarkeitsdatum 17, 50
Mineralfuttermittel 16, 18
Mineralien 22, 26
Mineralstoffbedarf 19
Mineralstoffe 26, 33, 57
Mineralverbindungen 36
Mischfuttermittel 16, 17, 36, 37, 50
Mischlinge 52, 53
Mischungen 16, 36
Mix 16
Molkereierzeugnisse 57
Molybdän 35
Monosaccharide 25
Motten 48
Mundhöhle 6
Muschelpulver 35
Muskelarbeit 20, 21

Muskeln 32
Muskelzittern 19
Muskulatur 8, 53
Muttermilch 52

Nährstoffbedarf 53
Nährstoffe 24, 36, 40, 42, 44, 55,
Nährstoffgehalt 54
Nährstoffgruppen 22
Nahrung, industriell gefertigt 52
Nahrungsaufnahme 6
Nahrungsbrei 7
Nahrungserwerb 6
Nahrungsprotein 23
Nahrungsspektrum 9
Nahrungsunverträglichkeiten 56
Nährwert 18
Napf, Näpfe 51, 54
Nassfutter 7, 18, 50
Nassfütterung 37
Natrium 18, 26
Nerven 32
Nervengeschehen 26
NfE 25
Niere 32, 34
Nutztier 5, 10, 17, 42

Ochsenziemer 16
Ökobilanz 60
Ökologie 60
Ökostrom 60
Öl 24
Oligosaccharide 25
Omega-3-Fettsäuren 36
Omega-6-Fettsäuren 36
Omnivore 13
Optische Täuschungen 59
Originalverpackung 49
Originalverschluss 49

Packungen 50
Paracelsus 34
Parasiten 58
Pelletieren 47
Pellets 36, 45, 46
Peptide, Peptidketten 24
Pflanzen 57
Pflanzenfresser 8, 13, 14, 27
Pflanzen-Zutat 43
Pförtner 7
Phosphor 18, 26, 35, 40, 44
Pigmenteinlagerungen 59
Pigmentierung 32, 35
Pigmentverlust 59
Pilze 49
Prebiotikum 35
Presshilfen 46
Presslinge 45
Produktionstechnik 47
Protein 7, 23, 42, 53, 55
Proteinbedarf 24
Protein-/Energie-Verhältnis 55
Protein-Qualität 42
Proteinquelle 9
Proteinstruktur 24
Proteinverdauung 7
Provitamin 30

Qualität 5, 24, 34, 41, 42, 48, 53
Qualitätserhalt 49
Qualitätskontrolle 40
Qualitätsmängel 50
Qualitätsminderung 49
Qualzucht 13
Quellzeit 38
Quetschflocken 48
Quetschgetreide 47

Rassen 10, 52
Rassenbildung 11
Rassenzucht 12
Raumtemperatur 50
Rechtliche Grundlagen 15
Reinigung 54
Reis 9, 57
Reißverschluss 49
Reißzähne 6
Reizfütterung 57
Reizleitung 26
Rezeptur 16, 19, 44, 48
Riesenrassen 53
Rindfleisch 56, 57
Ringmuskel 7
Rippen 21, 51
Rohasche 17, 22, 26
Rohfaser 17, 22, 25, 27
Rohfett 17, 22, 42
Rohnährstoffanalyse 42
Rohnährstoffe 22, 23
Rohprotein 17, 22
Rohstoff, Rohstoffe 33, 34, 35, 36, 39, 40, 42, 44, 45 59, 60
Rohwaren 41
Rotstichigkeit 59

Salze 27
Salzsäure 7, 24
Sättigung 60
Sauce (am Futter) 38
Säugeleistung 54
Schäden (durch Futter) 55
Schädlinge 49
Schadorganismen 49
Schalen (Nassfutterverpackung) 37
Scherkräfte 46
Schimmel 49
Schlachttiere 42

Schleimhaut 24, 32
Schlinger 6, 51
Schnupfen 56
Schwarzpigmentzellen 60
Schwefel 26
Schweineohren 16
Schwermetalle 34
Sekrete 24
Selbstbereiter (Futter) 39
Selbstzubereiter 50
Selbstzubereitung (Futter) 38, 52, 55
Selektion 11
Selen 35
Senior (Hund) 53
Skelett 53
Snacks 16, 37, 54
Soja 57
Sonneneinstrahlung 60
Sortenwahl 56
Speichel 60
Speiseröhre 7
Spieltrieb 53
Sporenbildung 49
Sport 22, 52, 53
Spurenelemente 17, 19, 22, 26, 33, 35, 36, 41
Stammart 11
Stärke 9, 25, 43, 46, 47
Stärke-Aufschluss 9, 47
Starterfutter 52
Stickstofffreie Extraktstoffe 22, 25

Tabellenwerte 39
Temperament 21
Temperatur 43, 46
Temperaturstress 20
Thermoregulation 18
Tierernährungsberater 39
Tierernährungslehre 15, 36
Tierfresser 8, 13, 40, 47

Tierische Nebenerzeugnisse 17, 18, 42
Tierkörperbeseitigungsanstalt 42
Tiermehl 42
Tierschutz 50
Tischabfälle 15
Tocopherole 31
Trächtigkeit 22
Tragzeit 54
Tränen 60
Tränken 54
Transport 48, 60
Transportmittel 18
Traubenzucker 47
Trinkwasser 18
Trockenfutter 7, 9, 37, 41, 50, 51, 52, 55, 60
Trockenfütterung 18

Überdosierung 55
Überernährung 26
Übergewicht 22, 53
Überversorgung 22
Umwelt 9, 60
Umweltbelastung 56
Ungeziefer 57
Untergewicht 22
Unterhautfettgewebe 59
Unterversorgung 20
Unverträglichkeit 56, 58
Urin 18

Vegetarier 15
Verabreichung 51, 54
Veranlagung 21
Verarbeitung 16
Verdaulichkeit 9, 24, 48, 60
Verdauung 6, 8, 44
Verdauungsapparat 7
Verdauungsenzyme 7

Verdauungskanal 43

Verdauungsorgane 7, 53

Verdauungsstörungen 56

Verdauungstrakt 6, 44, 57, 58

Vererbung 21, 60

Verfettung 53

Vergiftung 55

Verhalten 51

Verkleisterung 47

Vermehrung 54

Verpackung 17, 33, 35, 37, 48, 50, 60

Verpackungsbeschriftung 17, 30, 36

Verstopfung 8

Verwendungshinweis 17

Verwertbare Energie 19

Verwerter 21

Verwertung 6, 60

Vielfalt (Futter) 9, 39, 46

Viren 58

Vitalität 21, 35

Vitamin A 40

Vitamin C 31

Vitamin E 31, 35, 36

Vitaminbedarf 30

Vitamine 17, 25, 27, 41, 44, 46, 49, 50, 57

Vitamine Übersicht 32

Vitamine, Entdeckung 28

Vitamingruppen 29

Vitaminierung 29, 41, 46

Vitamin-Namen 30

Vitamin-Speicherung 29

Vitaminvormischungen 41

Vitamin-Vorstufen 30

Vitamin-Wirkung 29

Vitaminzufuhr 30

Vollkonserven 50

Vormischungen 35

Vorratshaltung 48

Vorratsschädlinge 49, 50

Wachstum 23, 32, 52

Wachstumsstart 14

Warengruppen 36

Warengruppen-Deklaration 17

Wasser 18, 22, 27, 37, 38, 46, 54

Wasserautomat 54

Wassergehalt 17

Wasserhaushalt 26

Wasserrückgewinnung 8

Weizen 57

Welpen 51, 52, 54

Wirkstoffe 27, 33, 36, 40, 42, 44, 55

Wirkstoffgehalt 54

Wirkstoffgruppen 22

Wirkstoffkombination 35

Wolf 6, 9, 10, 14, 15, 18, 42, 43, 44

Wolfshund 12

Zahnbildung 26

Zähne 6, 7

Zahnsteinbildung 7

Zahnsteinvermeidung 38

Zellen 32

Zink 36

Zivilisationskrankheiten 55

Zucht 11, 12, 52, 54

Zucker 25

Zugaben 17

Zulassung (von Zusatzstoffen) 34, 41

Zusammenfassungen Fr. Dr. Gastmann 7, 9, 15, 35, 37, 49, 50, 55

Zusammensetzung 17, 22, 36, 39, 58

Zusammensetzungsliste 43, 52

Zusatzstoffe 17, 27, 34, 41, 50, 59

Zutaten 16, 17, 23, 26, 27, 35, 39, 40, 42, 43, 44, 45, 46, 47, 57

Zuteilung 55

Zweifachzucker 25

Zwergformen 53